나는 이렇게
순종했다

나는 이렇게 순종했다

임은미 (유니스) 지음

교회성장연구소

CONTENTS

"은미야, 네가 그때 그 은미냐?"

10여 년 전 어느 날 임은미 선교사를 만나서 즉흥적으로 발설한 말입니다. 필자가 1980년도에 서울 신림동에서 교회를 개척했을 때 교복을 단정히 차려입고 열심히 교회에 다녔던 중학생이 놀라운 복음사역자가 되어 나타난 것입니다. 임 선교사는 코스타의 인기 강사이자 유명 사역자로 성장했습니다. 케냐를 근거지로 한 그의 헌신적인 삶은 오늘날 임 선교사가 전하는 메시지를 말뿐이 아닌 삶의 열매로 보여주고 있으며, 이미 출간된 그의 저서 『하나님이 찾으시는 한 사람 그대입니까?』는 현재 52쇄까지 출판되었으니 이 얼마나 놀라운 은혜입니까!

이번에 출간된 『나는 이렇게 순종했다』는 그가 이처럼 복을 받고 귀하게 쓰임 받게 된 원동력이 바로 '순종의 삶'이었다는 자서전적 간증서입니다. 저는 이 책을 단숨에 읽었습니다. 성령님과 교통하는 그의 삶과 선교 현장에서 일어나는 치유의 역사들은 오늘날에도 진행 중인 사도행전적 현상이 아닐 수 없습니다.

세계적으로 이만큼의 선한 영향력을 끼치고 있는 저자 한 사람이 있기까지는 삶의 순간마다 변화를 이끌어 준 인물이 있었습니다. 임 선교사가 대학 시절 참가했던 수련회에서 감동을 준 강사님, 그리고 이영훈 목사님과 고(故) 김준곤 목사님이 그런 분이었고, 필자 역시 그중 한 사람이라고 보아 많은 보람과 감격을 누리게 합니다.

돌이켜보면 임 선교사는 학창 시절 복음을 받아들일 때부터 선한 욕심과 함께 순종이 습관화되어 있었습니다. 어린 학생이었지만 성경강해로 드리는 어른들의 수요예배까지 참석하여 두 눈을 부릅뜨고 경청하던 모습이 눈에 선합니다. '십일조는 율법을 초월하는 물질의 선악과요, 하나님이 판단하시는 축복의 바로미터'라는 말씀에 철저하게 순종했던 모습도 떠오릅니다.

이 책은 말씀에 순종하는 삶이 얼마나 큰 능력과 축복의 원동력이 되는지를 생생하게 보여 줍니다. 영적 생명력이 퇴색되어 가고 있는 이 시대 그리스도인들에게 꼭 권하고 싶은 책입니다.

류우열 원로목사(일산예일교회)

저는 임은미 선교사님을 '항상 충만함이 넘치는 분'이라고 기억합니다. 말씀을 전할 때도 그렇지만 개인적으로 만나 대화할 때도 동일한 인상을 갖게 됩니다. 임은미 선교사님을 아는 분이라면 모두 동의하실 것입니다.

임은미 선교사님을 보며 영적 충만함과 당당함이 어디서부터 온 것인지 궁금하였습니다. 그런데 이 책을 읽으면서 알게 되었습니다. 얼마나 주님을 사랑하는 분인지, 얼마나 순종하는 분인지, 책장을 넘기면서 감탄하고 감동하고 도전을 받았습니다.

임은미 선교사님은 '순종'이라는 단어가 이 책을 읽는 모든 이의 마음에 친밀하게 와닿는 주님과의 밀어가 되기를 기대한다고 하였습니다. 제가 그러했습니다. 순종이 얼마나 귀하고 복된 일인지 마음 깊이 깨달아졌고 순종의 삶을 살고 싶어졌습니다.

우리는 모두 성령충만을 사모합니다. 그러나 그전에 왜 성령충만해야 하는지 분명히 해야 합니다. 사도행전 5장 32절에는 "하나님이 자기에게 순종하는 사람들에게 주신 성령"이라고 기록되어 있습니다. 성령의 역사는 순종과 밀접한 관계가 있습니다. 그러므로 성령충만하기 원한다면 반드시 성령께 순종해야 합니다.

임은미 선교사님은 "순종! 어렵지 않습니다. 익숙할 때까지가 어렵지요. 순종이 익숙해지면 불순종이 힘들어집니다!"라고 했습니다. 참으로 도전적인 말입니다. 이처럼 순종이 익숙해지려면 주님의 말씀을 들어보고 순종할지 말지를 결정해서는 안됩니다. 주님의 말씀을 듣기 전에 먼저 결단해야 합니다.

"하나님의 말씀이라면 무조건 순종하겠습니다!"

그러면 순종은 쉬워집니다. 선택의 여지가 없기 때문입니다.

예수님은 우리의 주님이심을 항상 명심해야 합니다. 우리에겐 왕이 계십니다. 지극히 작은 것을 놓고 하나님과 논쟁을 벌이는 사람은 결코 순종할 수 없으며, 성령충만할 수 없습니다. 진정 성령충만의 삶을 살기 원하는 모든 분들에게 이 책을 꼭 읽어 보기를 추천합니다.

유기성 목사(선한목자교회)

순종.

그리스도인이라면 익숙한 단어이지만, 삶에서 실천으로 옮기기에는 많은 고민과 유혹이 따르는 것 같습니다. 더군다나 매일 빠르게 변화하는 오늘날에는 세상의 소리와 바람에 휩쓸려 하나님의 말씀을 잃어버리기 더 쉽습니다.

저는 그 순종을 노래했다면, 임은미 선교사님은 그 순종을 삶으로 살아낸 사람입니다. 어떤 상황과 환경 속에서도 흔들림 없이 항상 하나님의 길을 선택함을 보며 그 속에 항상 기쁨과 감사, 은혜가 충만하게 넘침을 옆에서 함께 목도하는 축복이 제게 있었습니다.

오래전 찬양사역자와 선교사로 만나, 언니 동생으로 가까이 허물없이 교제하며 지켜본 그녀의 삶은 여성 사역자일뿐 아니라 순회사역자로, 한 단체의 리더로, 가르치는 자로, 딸로, 아내와 사모로, 딸을 키우는 엄마로서 모든 부분에 본받고 닮아가고픈 귀한 하나님의 사람임을 고백합니다.

『나는 이렇게 순종했다』를 읽으며 다시 한번 더 생생하게 깨닫게 됐습니다. 이 책은 이론이나 설교가 아니라 직접 경험한 순종의 삶을 통해 지금까지 놀랍게 인도하신 하나님의 역사하심을 나눈 삶의 진솔한 고백입니다.

매일 아침 사도행전 29장을 써나가는 듯 묵상으로 하루를 열고, 항상 복음을 전하며 복음을 직접 살아내는 솔직하고 당당하고 거침없는 그녀의 삶과 글은 참으로 아름다우며, 이 시대 주님을 따르길 원하지만 가야 할 길을 몰라 헤매는 우리 모두에게 감동을 줍니다.

이 책을 통해 하나님의 말씀에 순종함으로만 경험할 수 있는 하늘의 비밀을 발견할 것이며, 순종함으로만 경험하는 믿음의 한 발을 크게 내디딜 수 있는 큰 도전과 소망의 본보기가 될 줄 확신합니다. 한 분도 빠짐없이 순종을 통해 역사하시는 하나님의 은혜와 사랑을 직접 체험하시기를 소원합니다.

송정미 교수(찬양사역자)

우리는 순종이 참 어렵다고 생각합니다. 그러나 불순종하는 것이 더 어렵다고 말하는 한 사람이 있습니다.

우리는 일관성 있게 살아가기란 힘들다고 말합니다. 그러나 27년간 단 하루도 빠짐없이 묵상을 하고 그것을 글로 쓰며 일관성 있게 살아가는 한 사람이 있습니다.

우리는 사소한 일에도 일희일비합니다. 그러나 삶 속에 주어지는 모든 일이 나를 향한 하나님의 사랑을 깨닫게 한다고 고백하는 한 사람이 있습니다.

그 한 사람, 바로 임은미 선교사님입니다. 임은미 선교사님은 제게 가장 큰 영향을 끼친 영적 지도자입니다. 믿음의 여정 중에 멘토를 만나 영적인 배움과 성숙을 이루어나갈 수 있다는 건 대단한 축복이 아닐 수 없습니다. 임은미 선교사님처럼 매일 일어나면 무릎을 꿇고 하나님 말씀을 읽고 묵상을 적기 시작한 지 12년이 되었습니다. 묵상을 통해 하나님과의 깊은 관계를 맺는 즐거움이 무엇인지 알게 되었고 이제는 순종하는 것이 어렵지 않게 되었습니다.

『나는 이렇게 순종했다』는 순종이 낯설었던 경험부터 순종이 익숙해져 불순종하는 것이 더 어렵다는 고백이 자연스럽게 나오는 지금까지의 에피소드를 생생하게 들려주고 있습니다. 또한 순종을 돕는 구체적인 말씀을 언급하며 순종의 열매로 맺은 간증들을 군더더기 없이 간결하게 이야기하고 있습니다.

독자들은 이 책을 통해 하나님 말씀에 순종하는 것이 전혀 어려운 일이 아니며, 순종은 특별한 믿음을 가진 사람들만 할 수 있는 것이 아니라는 사실을 알게 될 것입니다. 순종은 습관이고 훈련입니다. 시행착오는 있을 수 있으나 하나님께 묻고 또 묻다 보면 결국에는 순종의 열매를 맺습니다. 우리가 순종할 때 하나님이 어떻게 일하시는지 경험할 수 있을 것이라 확신합니다. 저도 여러분도 이제 순종의 걸음을 떼고 하나님의 뜻이 이루어지도록 기쁘게 순종을 실천해 보기를 소망해 봅니다.

순종을 통해 하나님과 깊은 관계를 맺고 하나님 나라를 세우기 원하는 모든 주의 자녀에게 이 책을 강력히 추천합니다.

한재윤 목사(CTS라디오조이 '성성이야기' 진행자)

나는 보통 새벽 4시 즈음에 일어나 말씀을 묵상한다. 묵상한 말씀을 글로 적은 지도 어느덧 27년이 되었다. 단 하루도 빠짐없이 매일 묵상한 것을 글로 적는다는 건 쉽지 않은 일이었다. 하지만 그다지 어려운 일도 아니었다.

나의 묵상 글을 읽는 분이 약 8만 명이 되었다. '새벽예배를 드리는 성도가 8만 명이 되는 교회가 있을까?'라는 생각을 하면서 나의 아침 묵상을 읽어 주는 모든 분에 대한 고마움이 갈수록 더 커졌다.

케냐에서 내가 사는 곳은 티 밭 근처다. 우리 교회는 아침 6시에 새벽예배를 시작하여 7시에 끝난다. 나는 예배 후 티 밭을 걸으며 기도를 한다. 이 시간 주님과 깊은 대화를 나눈다.

내가 어떤 것을 질문하면 주님이 답해 주시고 주님이 나에게 무엇을 물으시면 내가 대답을 한다. 말 그대로 '주거니 받거니'다.

한번은 그곳을 걸으면서 "주님! 조국의 청년들을 저에게 주시면 제가 주님께 세계를 드리겠나이다!"라고 기도를 했다. 그런 다음 날 이탈리아 코스타에서 강사로 와 달라는 연락을 받았다. 그렇게 코스타 강사가 된 지 어언 16년이 되어간다.

또 어느 날은 티 밭을 걸으면서 "주님, 이제 한국에 나가서 사역하고 싶어요!"라고 말씀드렸더니, 바로 다음 날 파송 교회인 여의도순복음교회에서 한국으로 발령이 났다는 연락이 왔다. 곧 한국으로 가서 '캠대학선교회(CAM) 국제 디렉터'로 사역을 했다.

캠대학선교회에서 5년을 사역한 뒤 다시 케냐 파송 선교사로 발령받아 2019년 8월에 케냐로 돌아왔다. 이곳에 돌아온 지 이틀째 되는 날 티 밭을 걸으면서 주님과 이야기를 나누었다. 그때 주님은 "유니스야, '나는 이렇게 순종했다'라는 제목으로 네가 책을 쓰면 좋겠구나!"라고 말씀하셨다.

나의 첫 번째 책인 『하나님이 찾으시는 한 사람 그대입니까?』를 쓸 때가 기억났다. 책을 써달라는 부탁을 받은 다음 날 서점에 들렀을 때 이런 생각을 했다. '와! 이렇게 많은 책이 나와 있는데 내가 또 한 권의 책을 쓸 필요가 있을까?'

그때 주님은 나에게 말씀하셨다.

"유니스야! 나는 한 사람을 찾고 있단다. 그 한 사람을 위해 책을 쓰도록 해라!"

그래서 책 제목이 『하나님이 찾으시는 한 사람 그대입니까?』가 되었다. 현재 52쇄를 찍었고 영어와 중국어로도 번역되었다.

순종!

어쩌면 많은 사람이 무겁게 느끼는 단어인지도 모르겠다. 그러나 나는 설교하면서 가끔 이런 말을 한다.

"순종! 어렵지 않습니다. 익숙할 때까지가 어렵지요. 순종이 익숙해지면 불순종이 힘들어집니다!"

'순종'이라는 단어가 마음을 어렵게 하는 단어이기보다는 우리 마음에 친밀하게 와닿는 '주님과의 밀어'가 되기를 기대한다. 그 마음을 담아 기도하면서 이 책을 쓰기 시작한다.

아프리카 케냐 리무르 티 밭에서
임은미(유니스) 선교사

This is how I obeyed!

Part 1

순종이
낯설었을 때

Chapter 01

순종으로 가는 첫걸음을 떼다

그 시절 나에게 교회란 곳은

어린 시절, 나에게 교회란 특별한 의미가 없는 공간이었다. 특별하기는커녕 아무 의미도 없었다.

엄마를 따라간 것이 교회와의 첫 만남이었다. 맨 뒷자리에 앉아서 설교를 들었다는 기억만 있을 뿐, 설교 내용이 무엇인지도 기억에 남아있지 않다. 그저 '엄마 따라 교회에 갔다.' 정도의 추억으로만 자리 잡고 있을 뿐이다.

나는 당시 하나님, 귀신과 같은 영적 존재에 전혀 관심이 없었다. 교회에 다니기 전 엄마가 무당을 불러서 굿을 한 적이 있는데, 그때도 나는 아무런 생각이 없었다. 물론 즐거운 기억이 아니었던 것만은 분명하다. 굿을 하는 무당이 나에게 그다지 좋은 말을 하지는 않았기 때문이다. 그때 무당을 보면서 이런 생각을 했었다. '참 이상한 사람이야…. 대체 왜 저러지?'

영적인 대상에 아무런 관심이 없었던 나는 중학교 1학년이 되었을 때 친구의 전도로 교회에 다니기 시작했다. 친한 친구와 함께 전도를 받는데 결국 나만 교회에 나갔다. 교회에 끝까지 잘 다닐 수 있었던 이유는 교회에서 '첫사랑'을 만났기 때문이다. 마음에 드는 한 남학생으로 인해 교회 가는 것이 마냥 즐거워서 주일을 기다리곤 했다. 하지만 아쉽게도 그 친구는 내가 아닌 다른 여자친구를 좋아했다. 그러고 보면 나는 꽤 일찍 '삼각관계'를 경험했다. 삼각관계의 한 축에 있던 여자친구가 정말 예뻐서 '그 애는 예쁘고, 나는 못생겨서 저 애가 나를 좋아하지 않는구나…' 하는 생각에 외모 콤플렉스도 생겼던 것 같다.

처음 순종이란 것을 경험해 보다

좋아하는 남학생을 보려고 교회에 다니던 나에게도 특별한 기억이 있다. 신림동에 살 때 출석했던 혜원교회는 개척한 지 얼마 안 된 교회로, 류우열 목사님(현재 일산예일교회 원로목사)이 담임하고 계셨다. 그 시절, 목사님이 설교를 참 잘하신다는 생각을 했던 것 같다. 어린 나에게도 설교 말씀이 귀에 쏙쏙 들어올 정도였으니 말이다. 그 때문인지 수요성경공부에 꼬박꼬박 참석했고 맨 앞자리에 앉아서 열심히 들었다. 당시 나에게 있어 그 행동은 순종의 한 차원이기도 했다. 성경공부에 잘 참석하는 것이 나에게는 순종의 첫걸음이나 다름없었다.

당시 류우열 담임목사님은 학생들에게 학교에 가기 전 교회에 들러서 기도하고, 학교 마치고 집에 가는 길에도 교회에 들러서 기도하라고 하셨다. 나는 나름 순종한답시고 교회에 들러 기도를 하곤 했다. 문제는 기도하러 교회에 오긴 하는데 어떻게 기도해야 하는지를 모르는 것이었다. 학교 가는 길에 잠시 들러 가지런히 무릎을 꿇고 앉아있는 것이 전부였다. 딱히 할 말도 없어서 그냥 주님 전에 앉아만 있었다. 아마 5분 정도 앉아 있었을까? 교회 문을 나설 때는 "주님! 학교 잘 다녀오겠습니다!"라고 인사했었다. 돌아보면 그것이 내 기도 생활의 첫걸음이었다.

그 시절, 나는 학교를 마치고 집으로 오는 길에는 늘 어떤 기도를 해야 할지 고민했다. 그러던 어느 날, 친구와 노느라 기도문을 생각하지 못한 채 교회에 도착한 적이 있다.

'앗! 준비해 온 말이 없는데 어쩌지?'

결국 그날은 그냥 무릎을 꿇고 앉아만 있었다. 그런데 갑자기 내가 생각지도 않았던 기도가 봇물 터지듯 쏟아져 나오기 시작했다. 그때 깨달았다.

'아! 이것이 바로 기도가 열리는 건가 보다.'

그날 이후부터는 학교에서 기도를 준비하지 않았다. 그냥 교회에 들러서 무릎을 꿇으면 바로 기도가 나왔기 때문이다. 그렇게 기도 생활이 시작되었다. 존경하고 좋아하는 담임목사님이 하라고 한 것을 그대로 하다 보니 어느새 기도의 습관이 생겼다.

지금까지 이어지는 순종의 십일조

기도 외에도 무작정 순종하다가 그 순종이 꾸준히 이어지고 있는 것이 있다. 바로 십일조에 대한 순종이다. 내가 '십일조'를 처음 시작한 것 또한 류우열 담임목사님이 '십일조'를 해야 한다고 설교하신 다음부터다.

그 이후로 지금까지 나는 십일조는 물론이고, 결혼 후부터 십의 이조(가난한 사람 돌아보기), 십의 삼조(이웃을 기쁘게 해 주는 헌금)를 떼기 시작했다. 그것은 남편의 권유이기도 했다. 그렇게 물질의 순종이 시작되었다.

심지어 한국에서 사역하던 지난 5년 동안은 교회에서 받는 월급, 초청 예배, 세미나 강의를 하며 받은 강사비로 십의 팔조까지 드렸다. 그리고 1년에 3~4개월은 십의 십조까지 온전히 하나님께 드리기도 했다. 어린 시절 십일조 생활의 첫걸음이 지금의 순종으로 이어진 것이다.

Chapter 02

순종의 초보,
하나님께 묻고 또 묻다

이 세대를 본받지 말고

고등학교 3학년 때 미국에 이민을 가고 나서 고등학교를 무려 5년이나 다녔다. 졸업 영어 시험에 떨어진 탓이었다. 그 이후 대학교에 들어갔는데, 그곳에 한국 학생이 많이 모인 기독 동아리가 있었다. 마침 동아리에서 수양회를 간다고 하여 나는 별생각 없이 따라갔다가 인생을 바꾼 일생일대의 경험을 하게 되었다. 수양회 첫날 밤, 예배 시간에 읽은 본문의 말씀은 로마서 12장 2절이었다.

너희는 이 세대를 본받지 말고 오직 마음을 새롭게 함으로 변화를 받아 하나님의 선하시고 기뻐하시고 온전하신 뜻이 무엇인지 분별하도록 하라

수양회 강사였던 전도사님은 설교하기 전 이 말씀을 먼저 읽으셨다. 그때 나는 설명할 수 없는 특별한 체험을 했다. 전도사님이 본문 말씀을 읽는 중에 이미 마음속에서 회개가 일어난 것이다. 전도사님이 설교 말씀을 시작하기도 전에 성경 말씀만으로 그런 역사가 일어났다.

로마서 12장 2절 말씀은 내 가슴의 가장 깊은 곳을 찔렀다. 그때까지만 해도 나는 내가 이 세대를 본받았다고 생각하지 않았다. 술 마시고, 춤 파티에 다니고, 상스러운 욕을 하는 일이 교회를 다니면서도 충분히 할 수 있는 일이라고 생각했다. 그런 행위가 세대를 본받는 것이라고 하기에는 지나치다는 생각이 들었던 것이다. 한마디로 나는 세상과 타협하면서도 양심의 가책도, 죄책감도 없었다. 다른 모든 그리스도인이 나와 같다고 생각했었다.

그러나 그날 그 성경 한 구절로 인해 나는 눈물, 콧물을 다 쏟으면서 회개하기 시작했다. 솔직히 그날 어떤 설교를 들었는지 기억나지 않는다. 본문 말씀으로 인해 설교 시간 내내 엉엉 울었던 기억뿐이다. 그때 나는 확신할 수 있었다. 성경 말씀 자체가 사람

을 변화시키는 능력이 있음을! 또한 그 능력이 나에게 임하도록 누군가가 하나님의 말씀에 순종하여 기도했음을!

신학교에 가라고요?

나는 그날 이후로 완전히 새사람이 되었다. 수양회에서의 회심을 계기로 공부도 열심히 하기 시작했다. 당시 나는 대학생이었으므로 공부를 열심히 하는 것이 하나님께 드릴 수 있는 최선의 삶이라고 생각했다. 동시에 교회에서도 활발하게 활동했다. 교회학교 아이들도 가르치며 열심히 봉사했다. 그러다 보니 교회 어른들은 나 같은 사람이 신학교에 가야 한다고 말씀하셨다.

당시 나는 간호학을 전공하고 있었는데, 이러한 권유를 여러 차례 듣게 되면서 그것이 정말 하나님 뜻인가 하는 생각이 들었다. 그래서 분명한 하나님의 음성을 듣기를 원했다. 순종이 무엇인지도 잘 모르고 하나님의 뜻을 분별하는 방법도 잘 몰랐던 내가 말이다.

당시 나는 매일 Q.T를 통해 하나님의 인도하심을 확인하곤 했다. 하나님께서는 말씀을 통해 내가 신학교에 가야 한다는 마음을 주셨다. 하나님의 음성을 듣거나 환상을 본 것도 아니었지만, 말씀을 묵상하는 가운데 신학교에 가는 것이 하나님께서 기뻐하시는 뜻임을 깨닫게 된 것이다.

그래서 나는 꿈을 통해 그 뜻을 확증해 달라고 기도했다. 꿈을 통해 내가 설교하는 모습을 보여 주시면 신학교에 가겠다고 했다. 놀랍게도 그날 밤, 나는 아이들 앞에서 설교하는 꿈을 꾸었다. 그러나 그것으로 끝내기는 싫었다. 아침에 일어나 다시 기도했다.

"하나님, 기드온도 하나님의 인도하심을 구할 때 상황과 반대로 기도한 적이 있습니다. 저도 반대로 해 보려고 합니다. 오늘 밤 꿈에는 지금 전공을 살려 간호사가 되는 꿈을 꾸게 해 주세요."

그리고 그날 밤 간호사가 되어 사람들을 도와주는 꿈을 꾸었다.

기드온이 하나님께 여쭈되 주께서 이미 말씀하심 같이 내 손으로 이스라엘을 구원하시려거든 보소서 내가 양털 한 뭉치를 타작 마당에 두리니 만일 이슬이 양털에만 있고 주변 땅은 마르면 주께서 이미 말씀하심 같이 내 손으로 이스라엘을 구원하실 줄을 내가 알겠나이다 하였더니 그대로 된지라 이튿날 기드온이 일찍이 일어나서 양털을 가져다가 그 양털에서 이슬을 짜니 물이 그릇에 가득하더라 기드온이 또 하나님께 여쭈되 주여 내게 노하지 마옵소서 내가 이번만 말하리이다 구하옵나니 내게 이번만 양털로 시험하게 하소서 원하건대 양털만 마르고 그 주변 땅에는 다 이슬이 있게 하옵소서 하였더니 그 밤에 하나님이 그대로 행하시니 곧 양털만 마르고 그 주변 땅에는 다 이슬이 있었더라 (삿 6:36-40)

다음 날 나는 하나님께 '삼세판'을 요구했다. 이번에는 다시 설교하고 있는 꿈을 꾸게 해 달라고 기도했다.

"하나님, 한 번은 아이들 앞에서 설교하는 꿈, 또 한 번은 간호사가 되는 꿈을 꾸었는데, 확인하는 차원으로 한 번만 더 여쭈어 보겠습니다. 이번에는 어른들 앞에서 설교하는 모습을 보여 주세요. 그러면 정말로 신학교에 가라는 사인으로 알고 순종하겠습니다!"

그날 밤, 또 꿈을 꾸었다. 꿈에서 나는 어른들 앞에서 설교하고 있었다. 세 번이나 구하는 대로 꿈으로 보여 주셨으니 이제 더는 망설일 수 없었다. 신학교에 가야만 함을 깨달았다. 하지만 마음에 또 갈등이 생겼다. 나는 다시 한번 기도했다.

"하나님, 제가 정말로 신학교에 가기 원하신다면 주위 사람들의 입을 통해서 '너 신학교에 갈 줄 알았어.' '하나님께서 너를 신학교에 보내실 거라 생각했어.'라는 말을 듣게 해 주세요."

당시 나는 아난데일(Annandale)에 있는 워싱턴중앙장로교회에 매일같이 새벽예배를 나갔다. 그날도 새벽예배를 마치고 나오는데 항상 앞자리에서 열심히 기도하시는 권사님이 내 앞을 걸어가고 계셨다. 나는 권사님께 가까이 다가가 말했다.

"권사님, 하나님께서 저한테 신학교로 가라고 하시는데 사실 저는 잘 모르겠어요. 하나님께서 왜 저를 신학교에 가라고 하실까요? 저를 위해서 기도 좀 해 주세요."

그런데 그 권사님은 내 말이 떨어지자마자 이렇게 말씀하셨다.

"나는 자매님이 신학교에 가야 하는 것을 이미 알고 있었지."

놀라지 않을 수 없었다. 하나님이 나를 신학교로 인도하실 것을 알고 계셨다는 권사님의 말에 다시 한번 하나님의 인도하심을 확증하게 되었다.

그 일 직후에는 이런 일도 있었다. 교회 중고등부 아이들과 함께 철야중보기도를 하게 되었는데, 기도문이 열리지 않아서 아무도 뜨겁게 통성으로 기도하지 않았다. 그 바람에 미적지근한 기도가 이어지고 있었다. 그곳에 앉아 있자니 이런 기도가 나왔다.

"하나님, 신학교를 졸업하고 나면 중고등부 전도사로 기도회를 인도하게 될 텐데 뜨겁게 기도하지 못하는 아이들을 잘 인도할 수 있을까요? 도저히 자신이 없습니다. 이런 아이들을 가르쳐야 한다면 저는 주의 길을 가지 못하겠습니다. 하나님이 정말로 제가 주의 종이 되기를 원하신다면 이 기도회가 뜨겁게 변화되기를 원합니다. 통성기도가 힘차게 흘러나오고 하늘에서 불이 내리는 것처럼 뜨거운 기도회로 변화되지 않는다면 저는 신학교에 가지 않겠습니다. 갈 자신이 없습니다."

그러자 놀라운 일이 일어났다. 그 기도가 끝나는 순간부터 아이들이 얼마나 뜨겁게 기도하는지 갑자기 성령충만한 기도회가 되었다. 그 뜨거운 기도회를 경험하면서 신학교에 가라는 하나님의 뜻을 다시금 확신할 수 있었다.

그러나 계속되는 하나님의 확증에도 불구하고 목사가 되겠다는 사명감이 없었다. '나 같은 사람이 신학교에 가서 공부를 잘할 수 있을까? 나 같은 사람이 하나님의 종이 될 수 있을까? 더더욱 나는 여자인데 목사가 될 수 있을까? 성경적이긴 한가?' 꼬리에

꼬리를 무는 생각들 때문에 답답함이 밀려왔다. 자신도 없고 자격도 없다는 생각에 망설여지기만 했다.

그러던 어느 날, 미국 이민 자녀를 대상으로 하는 대학 수양회에 참석하게 되었다. 그때 강사로 오신 분이 CCC의 총재 고(故) 김준곤 목사님이셨다. 목사님은 청년이 가져야 할 비전에 대해 설교하셨고 나는 말씀에 큰 도전을 받았다. 그날 저녁 집회를 마치고 숙소로 돌아와서 주님께 이렇게 기도를 드렸다.

"주님, 꿈으로도, 말씀으로도, 사람을 통해서도 신학교로 인도하신다는 확신을 주셨는데 이제 정말 마지막입니다. 제가 성경에 좋아하는 말씀이 있습니다. 이사야 41장 10절입니다. "두려워하지 말라 내가 너와 함께 함이라 놀라지 말라 나는 네 하나님이 됨이라 내가 너를 굳세게 하리라 참으로 너를 도와주리라 참으로 나의 의로운 오른손으로 너를 붙들리라" 이 말씀이 성경을 펴자마자 한 번에 나오면 하나님이 저에게 신학교에 가라는 것으로 확신하고 더 이상 묻지 않겠습니다. 주님 뜻에 순종하겠습니다. 다시는 주님을 시험하지 않겠습니다."

그때는 그런 방식으로 하나님의 인도하심을 구하는 것이 올바른 방법이 아니라는 것을 알지 못했다. 지금은 이 방법을 절대로 다른 사람들에게 추천하지 않는다. 그러나 그때 하나님께서는 하나님의 뜻을 확실하게만 알면 무조건 순종하겠다는 그 마음을 긍휼히 여기시고 헤아려 주셨던 것 같다. 그때 나는 비장한 마음이었다. 정말 마지막으로 주님께 여쭙는 것인 만큼 성경을 펴서 그 말씀이 나오면 간호학에서 전공을 바꿔 신학교에 갈 준비를 하려고 했다. 내 비장함을 주님께 보여 드리고자 무릎까지 꿇었다. 그리고 성경을 폈다.

"꺄악!"

놀랍게도 이사야 41장 10절이 단 한 번에 나왔다.

"아버지…"

눈물이 흐르면서 마음에 감동이 밀려왔다. 무엇보다 계속되는 의심에도 매번 내가 원하는 방법으로 답하여 주신 주님을 향해 감사가 터져 나왔다.

"좋다. 나도 내가 한 말을 지켜야지!"

주님과 약속한 대로 두 번 다시 묻지 않고 신학교에 가기로 결심했다.

순종하면 그 다음은 하나님이 인도하신다

문제는 다음이었다. 신학교가 한두 군데인가? 어느 신학교에 가야 할지를 몰라 주님께 인도하심을 구하며 여쭈었다.

"주님, 정말 많은 신학교가 있는데 어느 신학교에 갈까요? 음…. 이렇게 하는 것은 어떨까요? 사람들에게 신학교를 추천해 달라고 해서 세 사람이 같은 학교를 추천해 주면 그 학교에 입학원서를 내겠습니다. 어떨까요, 주님?"

가장 먼저, 제일 친한 친구이자 지금은 선교사가 된 조주은에게 좋은 신학교를 추천해 달라고 했다. 주은이는 언니가 다니는 신학교를 추천했는데, 펜실베이니아주에 있는 밸리포지 크리스천 유니버시티(Valley Forge Christian University)였다.

두 번째로, 전혀 알지 못하는 교회에 무작정 들어가서 담임목사님을 찾아뵙고 "제가 신학교에 가려고 하는데 학교 좀 추천해 주세요."라고 요청을 드렸다. 교회 목사님은 밸리포지 크리스천 유니버시티를 추천하셨다. 나중에 그 교회를 찾아봤더니 어셈블리 오브 갓 교회(THE ASSEMBLIES OF GOD CHURCH), 즉 하나님의 성회 교단 소속이었다. 당시 미국에서 하나님의 성회 소속 신학교는 두 개뿐이었다. 그 교단에 소속된 신학교 중 하나가 바로 밸리포지 크리스천 유니버시티였던 것이다.

그리고 세 번째에도 친구의 언니에게 밸리포지 크리스천 유니버시티를 추천받았다. 이렇게 응답을 받아 신학교에 지원했고 곧 합격하여 3학년으로 편입학했다.

하지만 예상하지 못한 일이 생겼다. 부모님이 신학교에 가는 것을 극도로 반대하신 것이다. 특히 아버지는 신앙이 없었기 때문에 매우 심하게 반대하셨다. 어머니는 신앙은 있으셨지만, 딸을 주의 종으로 드리는 것에 걱정이 크셨다. 아버지는 내가 신학교에 간다고 하면 등록금을 한 푼도 지원해 주지 않겠다고 강경하게 말씀하셨다. 나는 아버지께 말씀드렸다.

"아버지, 학교 등록금은 제가 스스로 준비하겠습니다. 걱정하지 마세요. 허락만 해 주세요!"

이후 파트타임, 풀타임, 오버타임 등 모든 일을 닥치는 대로 했다. 정말 열심히 등록금을 마련하여 신학교에 들어갔다.

이렇게 신학교에 가기까지 경험했던 순종의 과정은 내 삶에 있어 더없이 중요한 순간들이었다. 중요한 결정이었던 만큼 나는 하나님께 계속 여쭈었고 하나님은 나의 끊임없는 질문에 계속해서 응답해 주셨다. 그리고 끝까지 순종의 길로 이끌어 주셨다.

Chapter 03

결혼 가운데
하나님께서 원하신 순종

'유 나이스'와 '새 빗'

많은 청년이 결혼 문제를 두고 고민하며 상담을 청하곤 한다.

"도대체 내 배우자는 어디 있나요?"

어떻게 보면 젊은이들에게는 인생 최대의 문제가 아닐까 싶다. 내가 결혼하는 과정에서 어떻게 하나님께 순종했는지, 하나님이 이 과정을 어떻게 이끌어 주셨는지를 나누고자 한다.

하나님의 인도하심 가운데 신학교에 편입한 이후 내가 수강한 첫 수업은 기독교교육학 수업이었다. 교수님은 우리에게 할 수 있는 가장 창의적인 방법을 사용하여 자신을 소개하라고 하셨다. 한 번만 들어도 사람들이 이름을 기억할 수 있도록 최대한 재치 있는 방법을 사용해 보라는 것이었다.

그때 나는 맨 앞자리에 앉아 있는 바람에 일찍 발표를 해야 했다. 어떻게 소개할까 고민하다가 다음과 같이 말했다.

"내 이름은 유니스(Eunice)입니다. Eunice라는 이름의 스펠링을 두 음절로 나누면 'Eu-nice'가 됩니다. 발음으로는 '유 나이스 (You nice)'가 되니까 나를 부를 때마다 'You nice'를 생각하면 기억하기 편할 것입니다. 그리고 실제로도 나는 참 괜찮은 사람입니다. 이 이름이 나에게 잘 어울린다고 생각합니다."

칠판에 내 이름의 영어 철자까지 써 가면서 소개를 마쳤다. 반학생들은 웃음으로 나를 환영했다. 그날의 자기소개로 인해 모든 학생이 나를 'You nice!'라고 불러 주었다.

한편 당시 내 옆에 앉은 남학생은 흑발 머리를 가진 미국인이었다. 훤칠한 키에 한눈에 봐도 잘생긴 남자였다. 그는 자기 차례가 오자 이렇게 말했다.

"제 이름은 '빌 뉴콤(Bill Newcomb)'입니다. 혹시 제 이름이 기억나지 않으면…."

그는 잠시 말을 멈추더니 재킷 안주머니에서 주섬주섬 빗을 꺼

내 학생들에게 보여 주었다.

"뉴 콤(새 빗)이라고 불러주세요."

'Newcomb'이라는 단어를 두 단어로 나누면 'New(뉴)'는 '새로운', 'comb(콤)'은 머리를 빗는 '빗'이다. 이름이 기억나지 않으면 새 빗을 떠올려달라는 말이었다. 학생들은 "우와!" 하고 폭소를 터뜨렸다. 그 후로부터 학교 식당에서 빌(Bill)을 보면 나는 "뉴 콤, 뉴 콤!"이라고 불렀고, 빌은 나를 "유 나이스, 유 나이스!"라고 부르게 되었다.

그런데 어느 날, 같은 반 미국인 친구가 나에게 빌이 나를 좋아하는 것 같다고 말했다. 나중에 알고 보니 빌에게는 유니스가 너를 좋아하는 것 같다고 말을 했단다. 나는 그 말을 듣고 빌의 데이트 신청을 기다렸다. 기다리던 중, 빌이 나에게 데이트 신청을 했다. 그날 둘이서 볼링을 치고 저녁을 먹으러 갔다. 식사를 마친 후, 나는 챙겨갔던 성경책을 펴고 내 꿈과 비전에 대해서 말했다.

"나는 이 세계를 돌아다니면서 복음을 전파하는 여자 목사가 될 거야!"

그때 빌은 여자가 목사가 된다는 이야기를 처음 들었다고 했다. 그는 굉장히 보수적인 집안에서 자란 데다가 1987년 당시만 해도 여자 목사는 많지 않았다. 우리 학교에서 목회학을 전공하는 학생 중 여자는 딱 다섯 명이었는데 그중 하나가 바로 나였다.

한편, 나는 빌이 목사가 되기 위해 목회학을 전공하는 줄 알았는데 그는 목사가 되고 싶은 마음으로 신학교에 온 것이 아니라고 했다. 본래 빌은 패션모델로 일하고 있었고, 모델 학교도 최우수 성적으로 졸업한 이력이 있었다. 그는 모델 생활을 하다 영화배우로 전향하여 경력을 쌓은 후, 기독교 영화를 제작하는 것이 꿈이라고 했다. 기독교 영화를 성경적으로 잘 제작하려면 체계적인 신학 배경이 필요하다고 판단하여 신학교에 왔다는 것이었다.

빌은 나와 첫 데이트를 한 후, 기숙사로 돌아가서 이렇게 기도를 했다고 한다.

"하나님, 유니스는 목사가 되고 싶다고 합니다. 전 세계를 돌아다니면서 복음을 전파하는 설교자가 꿈이라는데 제가 감당할 수 있을까요?"

이 기도에 주님은 이렇게 말씀하셨다.

"너는 감당할 수 있다."

그렇게 해서 우리는 교제하는 사이가 되었다. 당시 빌은 정말로 돈이 없었다. 이전에 교제했던 사람들과 비교해 봐도 이렇게

Part 1 순종이 낯설었을 때 39

돈이 없는 남자는 처음이었다. '돈이 어쩌면 이렇게 없지? 너무 가난한 남자구나.'라는 생각을 하고 있었는데 어느 날 데이트를 하다가 빌이 말했다.

"우리 아버지는 백만장자야."

순간 나는 '아, 이 남자는 돈이 없지만 아버지는 백만장자구나.'라고 생각했다. 그런데 가만히 보니 그 아버지는 하늘에 있는 하나님 아버지를 의미하는 것 같았다. 그래서 나는 이렇게 말했다.

"네 아버지와 내 아버지는 동일한 분이시네."

우리는 서로를 보며 크게 웃었다.

하나님의 마음에 합한, 흔치 않은 남자

스물세 살 때 주변에서 배우자를 위해 기도한 적 있느냐고 나에게 묻곤 했다. 그때까지만 해도 남편이 될 사람을 위해 구체적으로 기도한 적이 없었다. 아니, 결혼하겠다는 마음 자체가 없었다. 오직 복음을 증거하는 일이 나에게 최우선이었다. 그래서 빌과 처음 데이트하는 날에도 성경책을 들고 나가서 "전 세계를 다니며 주의 말씀을 증거하는 여자 목사가 되겠다."라고 당당하게 이야기했던 것이다. 그렇게 말하면서 속으로 '내가 이렇게 믿음이 확고하고 갈 길이 정확한데 이런 여자를 당신이 감당할 수 있어요? 감당이 안 되면 일찌감치 포기하세요. 나는 꼭 결혼해야 할 이유가 없어요.'라고 생각했던 것 같다.

그래도 평소 배우자에 대해 기도할 기회가 있으면 하나님께 어떤 남편을 만나야 하는지 묻고, 합당한 남편을 달라는 기도를 드렸다. 그때 주님이 이런 말씀을 하셨다.

"유니스야, 세상에는 말이다. 부유한 남자, 학력이 높은 남자, 명예가 있는 남자 등 남들이 부러워할 만한 남자가 많이 있단다. 하지만 세상에 드문 남자가 있어. 그것은 '내 마음에 합한 남자' 란다. 너는 어떤 남자를 원하니?"

나는 얼른 대답했다.

"흔한 남자는 싫고요, 드문 남자를 주세요. '하나님의 마음에 합한 드문 남자'를 제 남편으로 주세요."

그렇게 대답하자 하나님이 나에게 곧바로 답을 주셨다.

"그럼 빌이랑 결혼하렴."

"빌이랑요? 어, 그건 안되는데요! 빌은 미국 사람이잖아요. 우리 아버지가 아시면 저 큰일 나요. 우리 아버지는 미국인 사위 싫어하실 거예요. 그리고 빌은 아직 2학년이잖아요. 저는 곧 졸업

할 4학년이고요."

당시 나는 편입생이었고 빌은 조금 늦은 나이에 들어온 신입생이었다. 나이는 나보다 많았지만 학년은 내가 더 높았다. 그리고 이런 말씀도 드렸다.

"그리고 빌은 가난해요. 가진 것도 없어요. 앞으로 고생길이 훤한데…. 빌은 안 될 것 같아요."

그렇게 대답하자 주님은 나에게 아무런 답이 없으셨다. 막막함이 밀려왔다. '왜 성령님이 말씀하시지 않을까?' 하는 답답한 마음뿐이었다. 성령님과 교제하는 사람들은 다 공감하겠지만, 성령님이 나에게 이야기하지 않으시는 것만큼 절망적인 것은 없다. 주의 음성을 듣지 못한다는 것이 얼마나 좌절감을 가져다주는 일인지 그때 여실히 체험했다. 결국 주님께 이렇게 기도했다.

"주님, 알겠습니다. 빌과 결혼하도록 하겠습니다. 순종하겠습니다."

그러자마자 마음이 밝아지면서 성령님께서 계속 나에게 말씀하시기 시작했다.

시간이 지나고 어느 날, 빌은 데이트를 마친 후 나를 기숙사까지 데려다주었다. 그런데 갑자기 기숙사 앞에서 기사처럼 한쪽 무릎을 꿇더니 내 손을 잡았다. 그리고 결혼해 주겠냐고 프러포즈를 했다. 나는 엉겁결에 곧바로 "Yes!"라고 했다. 돌아보면 결혼 승낙을 참 쉽게 했다는 생각도 들고, 우스갯소리로 좀 더 튕겼어야 했나 싶지만, 그 모든 것이 하나님의 인도하심 속에 펼쳐진 사건이었다.

결혼을 승낙한 다음 날 학교 로비에 커다란 꽃바구니가 배달되었다. 나에게 온 것이었다. 그 꽃바구니에는 'Thanks for saying Yes!'라는 메모가 적혀 있었다. 결혼 승낙에 감사하다는 의미의 꽃바구니였던 것이다.

하나님의 뜻이라면 반드시 이루어진다

기쁜 일이었지만 거대한 산이 남아있다는 것을 깨닫자 걱정이 밀려왔다. 결혼까지 승낙한 마당에 부모님께 알려 드리지 않을 수 없었다. 부모님께 결혼 의사를 말씀드리자 역시나 예상했던 반응을 보이셨다. 아버지는 노발대발하셨다.

미국 남자라는 것이 첫 번째 이유였고, 사람이 너무 착하게 생겨서 앞으로 어떻게 나를 먹여 살릴지 걱정된다는 것이 두 번째 이유였다.

물론 엄마는 항상 내 편이어서 결혼하라고 말씀하셨지만, 아버지는 워낙 완고하셔서 끝내 허락하지 않으실 것만 같았다. 나는 예수님을 믿는 사람으로서 부모님 말씀에 불순종하는 것 또한 좋지 않다고 생각했다. 결국 아버지의 말씀에 순종하여 아버지가 반대하시면 결혼하지 않겠다고 말씀드렸다. 그러나 단 한 가지는 알고 계시면 좋겠다고 덧붙였다. 아버지가 반대하기 때문에 그 뜻에 순종하여 결혼하지 않는 것이니, 이 남자가 아니면 나는 평생 결혼을 하지 않을 거라고! 아버지는 내 말을 듣고는 깊이 생각하셨다. 그리고 얼마 후 나에게 말씀하셨다.

"빌이랑 결혼해라. 네가 선택한 네 운명이라고 생각한다."

불가능해 보였던 일이 결국 성사되었다. 그렇게 우리는 결혼을 허락받고 둘만의 약혼식을 했다. 빌은 데이트할 때 항상 청바지에 편안한 옷을 입었는데 약혼식 날에는 정장을 차려입고 약혼반지를 준비해 왔다. 약혼반지를 마련하느라 빌이 방학 내내 풀타임과 오버타임으로 아르바이트한 것을 내가 모를 리 없었다. 빌은 반지를 내 손에 끼워 주면서 잠언 31장 30절 말씀을 읽어 주었다.

고운 것도 거짓되고 아름다운 것도 헛되나 오직 여호와를 경외하는 여자는 칭찬을 받을 것이라

Charm is deceptive, and beauty is fleeting; but a woman who fears the LORD is to be praised.

"당신이 여호와를 경외하는 여자인 줄 알기 때문에 이 반지를 마련하기 위하여 정말 많은 수고와 땀을 흘렸습니다. 여호와를 경외하는 여자는 칭찬을 받아야 한다는 그 말씀을 그대로 실천해 주고 싶어서 마련한 반지입니다. 앞으로도 계속 여호와를 경외하는 여자가 되어 주세요."

그 반지를 받으면서 얼마나 감사했는지 모른다. 내가 받은 다이아몬드보다 더 큰 다이아몬드를 받은 여자들이 많이 있겠지만, 나는 그날 받은 다이아몬드보다 더 큰 다이아몬드를 부러워해 본 적이 없다.

그렇게 둘이서 약혼식을 올린 다음 부모님께 약혼식을 했다고 전해 드렸다. 미국에서는 당사자들끼리만 약혼식을 하고 부모님께는 알려 드리는 정도로 진행한다. 약혼식 자체를 의식으로 행하지 않는 경우가 많았기 때문에 나는 이 일이 별문제가 되지 않

으리라 생각했다.

그런데 현실은 그렇지 않았다. 아버지는 어떻게 부모님들을 빼놓고 너희들끼리 약혼식을 했냐며 화가 많이 나셨다. 그러면서 당장 집으로 오라고 하셨다. 크게 혼나겠구나 싶어서 주말에 부랴부랴 집으로 갔다. 집이 버지니아주에 있었기 때문에 학교에서 4시간 정도 운전해서 가야 하는 거리였다. 빌과 함께 오라고 했기 때문에 둘이서 혼날 각오를 하고 갔다. 그런데 집에 들어서자마자 대문 앞에 신발이 가득했다.

'손님들이 오셨나?'

현관문을 열자 잔치가 벌어지고 있었다. 음식들을 잔뜩 차려놓고 할머니, 아버지의 가까운 친구들, 친척들이 다 모여 있었다. 말 그대로 상다리가 부러질 듯 풍성하게 차려진 음식들을 보며 두 눈이 휘둥그레졌다. 아버지가 빌과 나를 향해 말씀하셨다.

"은미야, 약혼식은 이렇게 하는 거란다. 약혼을 축하한다!"

그리고 권사님이셨던 할머니께 나와 빌을 위해서 축복기도해 달라고 부탁드렸다. 할머니의 축복기도가 얼마나 감동이었는지 눈물이 핑 돌았다. 그리고 내 생각이 짧았던 것에 대한 죄송스러움이 밀려왔다. 잔치를 마치고 아버지는 돈을 주시면서 약혼 기념사진을 찍으라고 하셨다. 그 사진이 지금까지 남아있다. 지금도 그 사진을 볼 때마다 부모님의 깊은 배려와 사랑을 느낀다.

  결혼에 순종하기까지 마음에 걸렸던 것은 세상의 가치관이었다. 돈이 없고 나보다 학년도 낮아서 졸업할 때까지 기다려야 하는 남자…. 심지어 외국인 남자! 나는 그때 이미 미국 국적을 가지고 있었지만, 동양인이기에 서양인과 결혼할 수 있을지 고민이 많았다. 지금이야 국제결혼이 흔하지만 내가 결혼했던 30여 년 전에는 드문 일이었기에 모험이 아닐 수 없었다. 하지만 이 모든 것을 뛰어넘어 하나님께 순종했고, 하나님은 33년 동안 나의 결혼생활을 참으로 아름답게 지켜 주셨다. 남편은 정말로 하나님의 마음에 합한 보기 드문 남자이다.

Chapter 04

순종의 가장 큰 관문,
아프리카 선교사로 가기까지

아프리카 선교를 떠나라고요?

신학교를 졸업한 후 처음으로 사역한 곳은 미국 버지니아주에
있는 워싱턴순복음제일교회였다. 그곳에서 교육전도사로 사역을
시작하게 되었다. 당시 우리 교회에서는 가족 수양회를 열었는
데, 그때 아프리카 케냐에서 사역하시던 정운교 선교사님이 강사
로 오셨다.

정운교 선교사님은 아프리카 케냐의 'Dr. Cho's 미션센터'의 이
야기를 꺼내셨다. 그분은 아프리카 목회자들의 약 4퍼센트 정도
만 신학교육을 받은 현실이 매우 안타까워서 신학을 교육받지 못

한 목회자를 위한 Pastor's University 즉, 목회자의 신학대학을 만들고자 계획하고 있다며 비전을 공유해 주셨다. 그리고 남편과 나에게 교수가 필요하니 아프리카 케냐에 선교사로 오는 것이 어떻겠냐고 제의하셨다. 당시 나는 아프리카에 갈 생각이 전혀 없었기 때문에 건성건성 빈말로 "네, 기도해 보겠습니다."라고 답하고 지나갔다. 그리스도인이면 다 알 것이다. "기도해 보겠습니다."라는 말에는 "안 하겠습니다."라는 거절의 의미가 담겨 있다는 것을…. 나도 그야말로 빈말로 대답했을 뿐이었다.

그로부터 1년이 지났다. 정운교 선교사님이 우리 교회 가족 수양회에 다시 강사로 오셨다. 선교사님은 나에게 다가오시더니 이렇게 물으셨다.

"전도사님 아프리카 선교사로 오는 것, 기도해 보셨습니까?"

나는 1년 전의 일은 까맣게 잊어버린 채 되물었다.

"아프리카요? 아니요! 제가 언제 아프리카에 간다고 했었나요?"

"지난번에 기도해 보겠다고 하지 않으셨나요?"

'어! 그건 겉치레 말이었는데….'

정 선교사님은 내 생각을 눈치채셨는지 이번에는 꼭 기도해 보라고 하셨다. 선교사님이 떠나기 전까지 3일이 남았으니 그동안

기도해 보고 뜻을 알려 달라고 하셨다. 나는 아프리카에 가고 싶은 마음이 전혀 없었기 때문에 기도를 하는 둥 마는 둥 했다.

그리고 며칠 뒤, 남편과 내가 의전팀이 되어 정운교 선교사님을 모시고 식사를 하게 되었다. 그날 아침, 나는 남편에게 신신당부를 했다.

"여보, 한국 사람은 어른이 뭘 부탁하면 거절하지 못하지만 당신은 미국 사람이잖아요. 그러니까 이번에 정운교 선교사님이 아프리카에 가자고 하면 당신이 안 간다고 단호하게 말했으면 좋겠어요."

그렇게 남편의 동의를 얻어내고 식사 자리에 나갔다. 아니나 다를까 선교사님은 신학교가 세워질 땅, 신학교가 세워질 과정을 사진으로 보여 주시면서 아프리카 목회자들에게 신학교육을 잘시키고 올바른 영성을 전해 주는 것이 얼마나 중요한 것인지 계속해서 강조하셨다. 식사를 마치고 선교사님을 숙소로 모셔다드린 후, 안녕히 주무시라고 말하려고 하는데 갑자기 선교사님이 말씀하셨다.

"우리 함께 기도해 봅시다. 하나님이 우리한테 무엇이라고 말씀하시는지 말입니다. 한 사람 한 사람씩 돌아가면서 기도해 봅시다."

그렇게 기도를 시작하는데 남편이 이렇게 기도하는 것이 아닌가!

"하나님, 하나님의 뜻이면 우리가 아프리카에 가겠습니다."

순간 어안이 벙벙했다.

'하나님의 뜻이면 우리가 어디를 간다고? 아니 이 양반이 지금 무슨 기도를 하는 거야?'

기도하는 사람을 툭툭 칠 수도 없고, 다른 사람 앞에서 바가지를 긁을 수도 없어 혼자 속만 태웠다.

'집에만 가 봐. 왜 그렇게 기도했냐고 따질 거야. 집에서 나올 때 나랑 말을 맞춰 놓고는 이렇게 기도하다니. 이건 말이 안 되지!'

기도를 마친 남편에게 정 선교사님은 내일 아침 케냐로 떠나기 전까지 확실한 답을 달라고 하셨다. 그렇게 헤어지고 난 후 집에 도착하자마자 남편에게 따졌다.

"여보, 남자가 그렇게 변덕스러우면 어떡해요? 분명히 아침에 아프리카에 안 가겠다고 말하기로 했잖아요. 그런데 왜 그렇게 말했어요?"

그랬더니 남편이 이렇게 말하는 게 아닌가.

"남자가 변덕스러운 건 안 좋지만, 하나님을 믿는 사람이 하나님의 음성을 그때그때 들으면서 순종하지 않는 것은 더 나쁘지. 하나님께서 나한테 그렇게 말씀하셨는데 내가 어떻게 불순종하는 말을 할 수 있겠어? 하나님이 보내시면 우리는 가는 거야."

남편의 말을 들으니 할 말이 없었다.

그러나 지금 급한 것은 내일 아침까지 정 선교사님께 확실한 답을 드려야 한다는 사실이었다. 우리 부부는 고민했다.

'아프리카에 가는 것이 주님의 뜻인지 아닌지를 빨리 알아볼 방법이 없을까?'

우리는 다른 방안을 생각해 냈다. 남들한테 권장하지 않는 방법이긴 하나, 일단 성경책을 펼쳤다. 말씀을 폈을 때 부자 청년에게 모든 것을 팔고 예수님을 따라오라고 했던 마태복음 19장 21절이 나오면 아프리카에 가기로 결정하자는 것이었다. 물론 이렇게 하나님의 뜻을 가리면 안 된다. 그럼에도 불구하고 우리는 그때 그런 방법으로 하나님의 뜻을 분별하기로 했다.

성경책을 폈는데 그 말씀은 나오지 않았다. 내심 속으로 다행이라고 생각했다.

"봐, 여보. 성경을 탁 폈는데 그 말씀이 아니잖아. 그러니까 하나님의 뜻이 아닌 거야."

남편은 "아니, 한 번 갖고는 안 되니까 한 번 더 해 보자"라고 말했다.

우리는 두 번째로 또 말씀을 펼쳤다. 물론 나오지 않았다.

"여보, 봐. 또 안 나왔잖아. 아프리카로 가는 게 하나님의 뜻이 아니라니까?"

남편은 지지 않았다.

"한 번만 더 하자. 세 번."

말 그대로 한국식 삼세판이었다. 그래서 세 번째로 성경을 펼쳤는데, 정말 그 말씀이 나와 버렸다. 그 말씀을 보고 우리는 즉시 아프리카에 가기로 결정했다. 결정도 참 쉽게 했던 것 같다.

모든 것을 버리고

나는 대학교 4학년 졸업까지 한 학기를 남겨 놓고 결혼을 했는데, 6개월 동안은 신학교 내에 있는 기혼자 기숙사에서 살았다. 그곳은 평수로 따진다면 10평가량이었다. 우리는 5달러를 가지고 경매장에 가서 중고 식탁, 테이블, 소파를 사와 기숙사를 채웠다. 우리의 살림은 그렇게 시작되었다.

이후 신학교를 졸업하고 워싱턴으로 내려와 전도사 사역을 시작하면서 아주 좋은 고층 아파트, 이전보다 훨씬 넓은 25평에 살게 되었다. 가구도 전부 새것으로 바꾸었다. 남편도 차를 샀고, 나도 차를 샀다. 그런데 지금 누리고 있는 모든 것을 두고 아프리카에 가자니 정말 막막했다. 전혀 알지 못하는 낯선 곳으로 갈 생각을 하니 혼란스럽기까지 했다. 하나님이 정말 이 모든 걸 다 두고 아프리카로 가라고 하시는 게 맞는가 싶었다.

그때 나는 신학교를 졸업한 지 얼마 되지 않았음에도 불구하고, 하나님의 은혜로 중고등부 부흥강사로 초청받기도 했다. 워싱턴순복음제일교회 중고등부도 내가 부임하자마자 부흥했다. 주변에서 "문제 있는 아이들은 전부 다 워싱턴순복음제일교회로 보내라."라고 할 정도로 아이들이 변화되었다. 그렇게 내가 열심히 사역했던 곳이자 내 사역의 첫사랑이 바로 워싱턴순복음제일교회였다. 지금 여의도순복음교회 당회장이신 이영훈 목사님이 당시 워싱턴순복음제일교회 담임목사님이셨는데, 목사님께서 나를 사역자로 잘 훈련 시켜주셨다. 그렇게 좋은 담임목사님과 좋은 교회, 청소년부가 부흥하는 교회, 거기에 넓은 집…. 사역자로서 나이도 젊고 무엇 하나 아쉬울 것 없는데 모든 것을 접고 아프리카로 가야 한다니 적잖은 갈등이 있었다.

그날 부자 청년에게 모든 것을 팔고 나를 따라오라는 예수님의 말씀을 읽고 난 다음, 남편과 나는 동네를 걷기 시작했다. 하늘을 바라보는데 우리가 사는 고층 아파트 위로 별이 반짝거렸다. 그때 하나님께서 큰 은혜를 부어 주셨다.

'모든 것이 헛되다, 헛되고 헛되고 헛되다…. 우리네 인생이 나그네 인생이다.'

그런 생각이 들자 모든 것을 다 두고 아프리카로 가는 것에 아무런 아쉬움, 안타까움도 생기지 않았다. 그렇게 우리는 아프리카로 떠나기로 결정했다.

다음 날 우리는 정운교 선교사님께 아프리카로 가겠다고 말씀드리고, 선교지를 향한 계획을 세워나가기 시작했다. 선교사로 파송 받기 위해서는 여의도순복음교회에 가서 인터뷰를 해야 했다. 인터뷰는 당시 여의도순복음교회 당회장이셨던 조용기 목사님이 하셨는데, 조 목사님은 그 자리에서 나에게 이렇게 질문하셨다.

"자매님, 아프리카는 위험한 곳이라는데 가시겠습니까?"

그 질문에 나는 이렇게 대답했다.

"네, 가겠습니다. 목사님, 제가 신학교를 다닐 때 어떤 교수님이 이런 말씀을 하셨습니다. 하나님의 뜻이 있는 곳이면 그곳이 가장 안전한 곳이고, 하나님의 뜻이 없으면 그곳이 가장 위험한 곳이라고요. 저는 지금 아프리카에 가지 않으면 위험합니다. 제가 아프리카에 가는 것이 하나님의 뜻이기 때문에 저에게는 아프리카가 가장 안전한 곳입니다."

조 목사님은 내 답변이 마음에 드셨는지 담당 사역자에게 이렇게 말씀하셨다.

"사명감이 있는 것 같으니 보내도록 해!"

이 짧은 말과 함께 아프리카 선교사로서의 파송을 허락하시고, 그 자리에서 머리에 안수하시고는 파송 기도를 해 주셨다. 이렇게 해서 우리는 아프리카 선교사로 떠나게 되었다.

아프리카 선교사로 헌신하겠다는 온전한 순종이 있기까지 참 많은 고민과 갈등이 있었다. 정확한 하나님의 뜻을 알지 못해 우왕좌왕했고, 안정된 생활을 놓고 싶지 않은 마음도 컸다. 그러나 하나님은 헤매는 과정 가운데서도 말씀으로 확신을 주셨다. 순종에 아직 익숙하지 않은 모습도 깃들어 있었으나 그 일을 통해 또 다른 순종의 발걸음을 뗄 수 있었다.

This is how I obeyed!

Part 2

순종이
익숙해졌을 때

Chapter 05

치유 은사에도
절대적 순종이 필요하다

일단 받아 적으라

분당 만나교회의 고난주간 집회에 강사로 초청받은 적이 있다. 4일간의 집회였는데 첫째 날 아침 기도를 하는 중 하나님께서 갑자기 말씀하셨다.

"오늘 집회 중에 병 고침 받을 사람이 있다."

하나님은 20여 명의 병명을 이야기해 주시면서 그 사람들이 치유 받을 것이라고 하셨다. 나는 그것을 받아 적으면서도 의아했다.

'나는 병 낫게 하는 은사가 없는데….'

내가 기도해서 병이 나았던 경험은 거의 없었다. 그래도 나는 주님이 말씀하시면 못 한다고 말하지 않는다. 일단 순종하고 본다. 그래서 그날도 치유 받는 사람들의 병명을 받아 적었던 것이다. 그리고 설교가 끝난 다음에 말했다.

"여러분, 제가 오늘 치유 받는 분들의 병명을 말하려고 합니다."

그렇게 아침에 받아 적었던 병명을 하나씩 이야기했다.

"하혈이 멈추지 않아서 고생하며 힘들어하셨던 여자 성도님, 오늘 주님이 낫는다고 말씀하셨습니다."

이어서 20여 가지 병명을 다 말했다. 그렇게 첫째 날 설교가 끝났다.

집회 둘째 날 아침 묵상 이후, 하나님은 치유 받을 사람들의 증상을 또 말씀해 주셨다.

"왼쪽 눈에 반창고를 붙이고 있는 사람이 나을 것이다."

나는 그것을 받아 적으면서 '아니, 요즘 눈에 반창고 붙이는 사람이 어디 있어.'라는 생각을 했다.

그날도 그렇게 병명이 적힌 목록을 들고 설교하러 강단에 섰는데 바로 내 앞에 앉아 있는 사람이 눈에 거즈를 대고 반창고를 붙이고 있었다. 그래서 설교가 끝나기도 전에 말했다.

"하나님께서 이렇게 눈에 반창고를 붙이고 있는 사람이 나을 것이라고 하셨는데 정말 여기 앉아 계시네요!"

셋째 날이 지나고 마지막 날이 되었다. 설교를 시작한 지 채 5분도 되지 않았는데 갑자기 김병삼 담임목사님이 봉투를 수북이 들고 단 위로 올라오셨다.

"제가 보통 부흥회가 끝나고 난 다음에 간증을 하는데, 오늘은 성령님께서 설교가 끝나기 전에 올라가서 간증을 하라고 하시네요."

손에 들고 있던 봉투들이 굉장히 두툼했는데 알고 보니 봉투는 모두 부흥성회 동안 병이 나은 성도님들이 낸 감사헌금이었다. 그날 예배가 끝나고 나오는데 한 성도가 다가오셔서 "목사님, 부흥회 첫날에 병 낫는 사람 이야기를 하셨는데 그때 첫 번째로 말씀하셨던 하혈하는 여자가 제 며느리예요!"라고 감격스러운 인사를 하셨다.

그때 만나교회에서 했던 고난주간 설교가 CTS 기독교 방송에 나갔다. 당연히 질병 치유 명단을 읽는 것은 편집될 줄 알았는데 그대로 방송에 나갔다. 그리고 질병 목록에 있었던 사람들이 실제 치유를 받은 사실도 이후에 알게 되었다.

만나교회에서의 집회 이후, 평소에 잘 알고 지내는 권태엽, 권삼희 집사님의 자녀 돌잔치에 초대를 받은 적이 있다. 그 자리에 오신 권삼희 집사님의 지인 중 만나교회 교인이 계셨다. 그분은 고난주간 집회 때 내가 선포한 치유 목록에 자신의 아들이 앓고 있는 병명이 있었다고 한다. 그래서 전심으로 "아멘!" 했는데 아들이 나았다고 하셨다.

"목사님께 이 소식을 너무나 알려 드리고 싶었는데 기회가 없어서 몹시 안타까웠습니다. 그런데 이렇게 오늘 목사님을 직접 뵙고 말씀드리게 되어서 얼마나 감사한지 모릅니다."

이후 강사로 초청받아 가는 교회마다 하나님께서는 치유 받는 병의 명단을 주셨다. 부대 안에 있는 군인 교회에 간 적이 있었는데, 그때도 하나님은 치유하실 질병의 증상을 말씀해 주셨다.

"겨드랑이 밑에 까만 점이 있는 사람이 나을 것이다!"

이 말씀을 받아 적으면서 조금 민망했다. 이것을 어떻게 말해야 하나 싶었다. 말할 것인지 말 것인지 계속 갈등이 생겼다. 하지만 설교가 끝나고 순종하는 마음으로 선포했다.

"여러분 가운데 겨드랑이 밑에 까만 점이 있는 사람, 무슨 병인지는 모르겠지만 하나님께서 오늘 그분이 낫는다고 하시네요."

예배가 끝나고 나가려는데 어느 남자 집사님이 교복 입은 딸을 데리고 나에게 다가왔다. 그리고 딸의 팔을 들어 보이면서 말했다.

"우리 딸이 겨드랑이 밑에 큰 점이 있어요. 아토피인데 오늘 목사님 말씀을 듣고 나을 것을 믿습니다!"

은사도 순종하는 자가 활용한다

모스크바 코스타에 강사로 갔을 때의 일이다. 코스타는 해외에 있는 유학생들을 대상으로 하는 부흥회다. 코스타의 특징은 야성과 지성을 중요시하는 것이다. 그런데 그 코스타에 강사로 오르기 전, 하나님께서는 치유 명단을 주셨다.

'나 원 참. 지성이 있어야 하는 코스타 강사가 부흥회 스타일로 이분, 저분 병 나을 거라고 선포하면 내 체면(?)은 뭐가 되나. 이러다가 코스타 강사 잘리는 거 아니야?'

코스타는 일반적으로 해외 유학생들을 대상으로 새롭게 변화되라는 메시지, 공부도 열심히 하면서 소망과 비전을 가지고 살라는 메시지, 젊은이답게 세계에서 복음을 전파하는 사람이 되라는 메시지를 증거하는 자리다. 그런 자리에서 질병 치유를 선포하자니 어색했다.

하지만 순종했다. 그때 나온 질병 리스트 중 하나가 '세포'에 문제가 있는 것이었다. 사실 내가 그전에 이런 기도를 한 적이 있었다.

"하나님, 그래도 이왕이면 희귀한 병이 낫게 해 주세요. 물론 아픈 사람 많지만 그래도 특이한 병이 치유된다고 선포하고 싶어요. 그래야 하나님이 제게 병 고치는 은사를 주셨는지, 안 주셨는지를 알 수 있지 않을까요?"

그런데 세포에 대한 질병을 하나님께서 말씀해 주실 때는 정작 의아했다.

'아니 세포에 무슨 문제가 있어? 도대체 무슨 병이기에 세포에 문제가 있는 걸까?'

그러면서도 일단 받아 적고는 설교가 끝나갈 무렵에 질병 리스트를 선포했다. 그렇게 모든 순서가 끝나고 나가려는데 한 교민 집사님이 다가와 나를 붙잡고는 말했다.

"목사님, 아까 말씀하셨던 세포에 문제가 있는 사람이 바로 저예요. 이게 워낙 희귀병이라서 사람들은 잘 몰라요. 한국까지 가서 수술받고 왔는데도 치료가 잘 안 되어서 다시 수술받으려고 했습니다. 오늘 그 병을 치유해 주신다고 선포해 주셨으니 제 병이 나을 것이라는 확실한 믿음이 생깁니다!"

그는 흥분하며 기뻐했다. 사실 그분의 질병이 치유되었는지, 어떤 과정을 거쳤는지 그 후의 이야기는 알지 못한다. 하지만 그런 희귀병까지도 하나님은 내게 세세하게 알려 주셨다. 이런 일이 한두 번이 아니었다.

이스라엘 코스타에서는 이런 일도 있었다. 집회 둘째 날 밤 설교를 끝내고 기도회를 인도하려고 하는데, 하나님께서 어느 사람 눈에서 고름이 뚝뚝 떨어지는 모습을 보여 주셨다. 그래서 그 질병을 앓고 있는 사람이 낫겠다는 말씀을 전해야 하는데 갈등이 생겼다. 앞서 말했듯이 코스타 집회는 질병 치유의 선포를 권장하지 않기 때문이다. 그러나 하나님께서 재차 그 사람이 나을 것이라고 말씀하셔서 할 수 없이 순종했다.

"여러분 가운데 지금 눈에 고름이 떨어지는 사람이 있는데, 오늘 치유 받을 것이라고 하나님이 말씀하십니다!"

담대하게 선포하고 예배가 끝났다. 이후 나는 이스라엘 한인 교회 성도들이 대접해 주시는 저녁 식사 자리로 이동했다. 내 옆에 한인 교회 담임목사님이 앉으셨고, 맞은편에는 한인 교회 부목사님이 앉으셨는데 식사하는 도중에 전화를 받으러 밖으로 나갔다가 흥분된 모습으로 돌아와 나를 쳐다보며 말했다.

"목사님, 이번 코스타를 위해 우리 교회에서 한 달을 기도로 준비했습니다. 그때 준비하던 분들끼리 서로 기도제목을 내놓고 기도를 했었어요. 그중에 한 분이 눈에 이상이 있어서 한국까지 가서 수술을 받고 왔는데도 치료가 되지 않았다며 기도해 달라고 간절히 요청했습니다. 그분이 지금 운전해서 집에 가는 길인데 다 치유되어서 눈앞이 환하게 보인답니다!"

물론 나는 그분이 누구인지도 모르고, 그분의 병명은 더더욱 모른다. 하지만 하나님께서 말씀하신 일에 순종했더니 이런 놀라운 일들이 일어났다. 이 일을 계기로 하나님이 주신 은사를 사용함에도 절대적인 순종이 필요함을 깨달았다.

Chapter 06

자녀의 앞길,
하나님께 온전히 맡기다

수진이의 학교 진학을 두고

수진이를 대학에 보내는 데에도 하나님 말씀에 순종하는 일련의 과정이 필요했다. 내 딸 수진이는 아프리카에서 대학교까지 마쳤다. 일반적으로 선교사 자녀들은 선교지에서 공부하다가 미국 등지로 유학을 가는 경우가 대부분이라 우리도 고민이 많았다. 미국으로 보내자니 워낙 학비가 비싸서 어떻게 등록금을 마련하나 싶었고, 원서 쓰는 것을 도와줄 자신도 없었다. 어렸을 때부터 현지인 학교에 보냈으니 미국에서 좋은 학교에 가는 것도 어려워 보였다. 그래서 하나님께 기도했다.

"주님, 수진이가 이제 대학에 가야 하는데 어떻게 하면 좋을까요? 미국 대학에 보낼까요, 아니면 지금처럼 현지인 대학에 보낼까요?"

기도하는 중 하나님께서 "왜 미국의 좋은 대학에 가야 하니?"라는 생각을 마음속에 주셨고 나는 "좋은 대학을 가야 좋은 직장을 갖죠!"라고 대답했다. 그러자 주님은 "그러면 내가 네 딸한테 좋은 직장을 주면 되는 거지?"라고 하셨고, 나는 "네, 그러면 되지요."라고 대답했다.

그러자 하나님은 "동네에 있는 학교로 보내."라고 말씀하셨고, 나는 "아이고, 주님 감사합니다!" 하면서 수진이를 세인트폴유니버시티(St. Paul's University)에 보냈다.

우리 집 근처인 리무르 티 밭에서 15분 거리에 있는 세인트폴유니버시티는 현지인 대학교로, 아프리카에 최초로 세워진 종합대학이다. 나이로비대학처럼 케냐에서 제일 실력이 좋은 대학은 아니지만, 역사가 깊고 우수한 학교였다. 무엇보다 등록금이 한 학기에 1백만 원이면 충분하여 큰 부담이 되지 않았다. 우리는 하나님의 응답을 받고 수진이를 이 학교에 보내게 되었다.

하나님이 준비해 주신 학비

수진이는 공부를 잘해서 4년의 학사 과정을 3년 만에 끝내고 조기 졸업을 했다. 그때 나는 한국으로 발령을 받아 캠대학선교회(CAM) 국제 디렉터로 섬기고 있었는데, 어머니가 아프셔서 1년을 휴직하고, 아버지가 아프셔서 다시 1년간 휴직을 했다. 어머니가 폐암 말기로 먼저 세상을 떠나시고 난 다음부터 아버지가 많이 아프셨다. 당시 나는 휴직을 했음에도 사역으로 바빠서 아버지 곁에 계속 있을 수 없었다. 그래서 수진이는 졸업 후 미국으로 가서 편찮으신 아버지를 돌보아 주었다.

첫째 동생이 아버지 옆에서 많이 도와주었지만, 아버지와 함께 살 수 있는 상황이 아니었기 때문에 수진이가 간호를 도맡았다. 그때 아버지는 수진이에게 참 고마워하셨다. 우리 삼 남매에게 유산을 남기실 때 수진이에게도 유산을 주셨다. 수진이 대학원 학비로 쓰라고 남겨 놓으신 것이었다.

수진이는 아버지가 돌아가신 후 미국 대학원에 합격했는데, 사실 학비가 굉장히 비싸서 어떻게 보낼지 참 고민이 많았다. 그런데 아버지께서 남겨 주신 유산이 첫 학기 등록금에 가까운 금액이었다. 모자라는 금액은 지원을 받아서 첫 학기를 문제없이 등

록할 수 있었다.

　수진이를 어렸을 때부터 케냐 현지인 학교에 보내고 대학교도 고민 끝에 현지인 학교로 보냈지만, 하나님께서는 미국에서 대학원을 다닐 수 있도록 인도하셨다. 그뿐만 아니라 우수한 성적으로 졸업할 수 있도록 해 주셨다. 자녀 교육 역시 또 하나의 순종의 열매라고 하겠다.

Chapter 07

딸 수진이가
결혼하기까지의 순종

딸의 배우자를 예비하신 하나님

딸 수진이가 스물세 살이 되었다. 나와 남편에게는 아프리카 케냐에서 선교사로 살아가는 데 아무런 문제가 없도록 허가서가 나온다. 그러나 자녀는 열여덟 살이 넘으면 부모와 함께할 수 없다. 독립을 해야 한다. 수진이는 열여덟 살 이후 대학에 진학했기에 학생 비자로 케냐에 머물 수 있었지만, 졸업 후에는 따로 비자를 받아야만 했다.

수진이는 아빠를 닮아 외모도, 내면도 예쁜 딸이다. 그래서 미국이나 한국에 혼자 두기에는 너무 불안했다. 그래서 수진이가 얼른 짝을 만나 결혼했으면 좋겠다고 생각했다. 나도 대학교 졸업을 한 학기 남긴 스물네 살 때 결혼을 했기 때문에 그런 마음이 더 강하게 들었다. 그래서 기도했다.

"사랑하는 딸 수진이가 스물세 살인데 제가 결혼한 그 나이에 수진이도 결혼했으면 좋겠어요. 그리고 사위는 목사 후보생이었으면 좋겠고요. 그리고 '저희는 가진 게 없으니 몸만 달랑 보내겠습니다.'라고 말했을 때 '몸만 달랑 보내도 좋습니다!'라고 말해 주는 사돈을 만나게 해 주세요."

수진이의 결혼을 위한 기도를 드리고 얼마 되지 않아 논산성결교회에 부흥강사로 초청을 받게 되었다. 2박 3일 일정이었는데, 담임목사님 부부의 첫인상이 매우 좋았다. 미국에서 공부를 하시고 13년 전 한국에 청빙 받아 지금까지 목회하고 계시는데, 자녀 둘은 아직 미국에서 공부하고 있다고 했다. 이야기를 나눌수록 두 분이 정말 좋으신 분들이라 수진이 이야기를 꺼냈다.

"목사님, 저한테 스물세 살 된 딸이 하나 있는데 저랑 사돈 맺지 않으시겠습니까?"

"좋지요. 첫째는 따님보다 5살 연상, 둘째는 1살 연하인데 누가 좋을까요?"

"목사님, 연상인 큰아들을 소개해 주세요."

그렇게 부모가 소개팅 주선자가 되었다. 먼저 나는 수진이 사진을 목사님께 드렸고, 목사님은 사진을 큰아들에게 보냈다. 그 다음 큰아들 사진을 내가 받아 수진이에게 전달해 주었다. 처음에는 둘 다 별 반응이 없었다. 아무래도 부모가 해 주는 거라 별로인가 보다 싶었다. 그래도 둘 다 효자, 효녀라 부모님 뜻에 순종하여 문자로 교제를 시작했다. 그때부터 하나님이 역사하셨다. 꾸준히 연락하더니 둘이 사랑에 빠진 것이다. 어떻게 이럴 수가 있을까! 부모의 소개로 만나 사랑이 싹트다니!!

나는 하나님한테 다시 기도하기 시작했다.

"하나님, 저는 성현이에 대해 잘 모릅니다. 단지 성현이 부모님이 참 좋은 분들이라 자녀도 잘 키우셨겠지 생각하고 결혼을 진행해 나가려고 하는데, 성현이가 제 사위 될 사람이 맞습니까? 진짜 제 사윗감입니까?"

하나님께서 속히 응답을 주셨다.

"성현이가 너의 사윗감이란다!"

그 음성은 내가 결혼하기 전, 빌이 내 남편이라고 말씀해 주셨던 그 음성과 똑같았다. 그때의 기도가 다시 떠올랐다. 그때도 나는 하나님께 여쭈어보았다.

"하나님, 저는 누구랑 결혼할까요?"

"유니스야, 세상에는 말이다. 부유한 남자, 학력이 높은 남자, 명예가 있는 남자 등 남들이 부러워할 만한 남자가 많이 있단다. 하지만 세상에 드문 남자가 있어. 그것은 '내 마음에 합한 남자'란다. 너는 어떤 남자를 원하니?"

"하나님 마음에 합한, 흔하지 않은 남자를 주세요!"

그렇게 기도했을 때 하나님께서 지금의 남편인 빌과 결혼하라고 말씀해 주셨다. 나는 사위가 될 성현이를 두고 또다시 기도하면서 "하나님, 저는 성현이를 잘 몰라요…."라고 했더니 하나님은 "성현이는 내가 보증(guarantee)하니 걱정하지 마!"라고 응답을 주셨다. 그 음성을 듣고 나서 성현이가 내 사위라는 사실에 무한한 신뢰를 가지게 되었다.

하나님이 허락하신 만남 속에서

그렇게 수진이와 성현이를 결혼시키기로 결정하고, 당시 케냐에 있던 남편에게 자초지종을 이야기하자 남편도 흔쾌히 동의해 주었다. 물론 하나의 관문이 남아 있었다. 사돈 될 분들에게 이렇게 질문했다.

"저희는 선교사 부부라 아무것도 해 줄 것이 없습니다. 수진이는 몸만 보내야 할 것 같아요…. 그런데 괜찮으실까요?"

그러자 사돈 목사님이 말씀하셨다.

"우리 아들도 몸 밖에 없습니다! 하하하."

사돈 목사님은 정말 흔쾌히 아무것도 보내지 말라고 해 주셨다.

하나님이 내 기도를 들어주신 것이다. 또 결혼 이야기가 오가던 때 성현이는 풀러신학대학원 3학년 졸업반으로, 목사 후보생이었다. 이것 또한 하나님께서 사위를 위한 내 기도에 응답해 주신 것이다.

하지만 숙제가 하나 남아 있었다. 성현이는 풀러신학대학원을 12월에 졸업하고 다음 해 1월 수진이와 결혼하기로 되어 있었기 때문에 버지니아주에 있는 수진이가 LA에 머무는 성현이 옆에 가 있는 것이 좋겠다고 생각했다. 그런데 성현이가 공부하느라 바빠서 수진이가 혼자 있는 시간이 꽤 길어질 것으로 보였다. 그래서 수진이에게 이렇게 제안했다.

"네가 성현이가 다니는 학교와 가까운 대학원에서 공부했으면 좋겠구나.”

근처에 있는 학교를 알아보다가 챕맨유니버시티(Chapman University)를 찾아냈다. 이 학교는 서부에서 손꼽히는 명문 대학이다. 특히 수진이가 전공하고 싶었던 국제관계학으로 유명한 곳으로, 학교를 졸업하면 UN을 비롯하여 많은 곳에서 일할 기회가 주어진다. 그런데 수진이는 합격할 자신이 없다고 말했다.

“엄마, 내가 이 학교에 들어가는 건 기적 같은 거야.”

“수진아, 기적은 오늘도 일어나. 원서를 넣어 봐.”

미국 대학들은 기본적으로 에세이에 중점을 많이 둔다. 그래서 조언을 해 주었다.

“수진아, 미국은 독특한 이력을 중요하게 여겨. 너의 독특한 이력이 무엇이 있겠니? 넌 선교사의 자녀로 자랐어. 하나님께서 너한테 허락하신 특별한 배경이 있고, 네가 선교사 자녀로서 보아 왔던 아프리카의 모습이 있어. 그런 경험 속에서 어떻게 국제 관계에 대해 관심을 가지게 되었는지, 그리고 이 땅에 빈곤을 왜 퇴치하고 싶은지, 이 학교를 졸업하고 나면 어떤 일을 하고 싶은지 중점적으로 써 봐. 네가 경험한 특별한 이야기를 쓰는 거야. 그리고 미국 학교는 자기 자랑하는 걸 좋아해. 그러니 에세이에 자신 있게 스스로를 홍보하는 것이 중요할 거야. 어렸을 때 CCM 가수

로 활동해서 케냐 아이들에게 소망과 꿈을 심어 주었잖아. 주인
공으로 영화도 세 편이나 찍었고 말이야. 네가 경험한 일들이 얼
마나 많은데! 그걸 있는 그대로 쓰면 돼."

수진이는 학교에 원서를 넣었고 우리는 조마조마한 마음으로
결과를 기다렸다. 그리고 얼마 안 되어 합격 통지서가 왔다. 수진
이는 기뻐서 뛰며 소리쳤다.

"엄마, 기적이 일어났어요! 정말 기적이 일어났어요!"

"그래! 기적은 지금도 일어나는 거야."

수진이는 유치원 때부터 케냐 현지인 학교에 다녔다. 훗날 수진
이가 우리의 대를 이어 선교사가 되면 현지인의 문화와 삶, 언어
를 잘 알아야 하기 때문에 현지인 학교로 보냈던 것이다. 감사하
게도 공부를 잘해서 고등학교도 2년 빨리 졸업했고, 대학교도 조
기 졸업을 했지만, 미국 명문 대학에 합격할 수 있을지는 자신이
없었다. 그러나 하나님께서 역사하셔서 수진이가 미국 명문 대학
석사 과정에 합격 할 수 있었다.

모든 것을 준비해 주시는 하나님

이후 성현이와 수진이는 3개월의 교제 끝에 약혼했고, 7개월 후에 결혼했다. 내가 스물네 살 1월 12일에 결혼했는데, 수진이는 스물네 살 1월 19일에 결혼했다. 그것도 하나님께서 맞춰 주셨다. 그리고 수진이가 결혼한 예식장은 내가 첫 주례를 섰던 곳이었다. 그때 주례를 서면서 '정말 예쁜 결혼식장이다. 우리 딸도 이렇게 예쁜 데서 결혼했으면 좋겠다.'라고 생각했었는데 그 기도도 하나님이 들어주셨다! 우연이라고 하기에는 하나님의 놀라운 섭리 같아 매우 감사했다.

그뿐만 아니다. 나는 매일 묵상을 많은 사람과 나누는데 수진이의 결혼 이야기를 묵상에 올렸더니 뉴질랜드에서 사역하시는 김계성 목사님께서 신혼여행을 뉴질랜드로 보내면 숙박과 기타 비용을 완전히 책임지겠다고 연락을 주셨다. 예전에 목사님이 사역하시는 뉴질랜드의 교회에 부흥 집회를 갔었는데, 그때 수진이를 데려갔었다. 그때 수진이가 아름다운 뉴질랜드를 보고선 신혼여행으로 다시 오고 싶다고 감탄했었는데, 하나님은 수진이의 기도에 그렇게 응답해 주셨다.

자녀의 결혼에 대한 기도와 응답까지의 과정을 이야기해 보았다. 수진이가 결혼할 때도 하나님이 주신 말씀에 순종했더니 최고의 사위를 주셨다. 한번은 무척 잘 자라 준 수진이에게 고마워서 카톡 메시지를 보낸 적이 있다.

"수진아, 엄마는 네가 매우 잘 자라 주어서 정말 고마워. 네 덕분에 얼마나 감사하고 행복한지 모르겠어. 아프리카에서 선교할 때 정말 고생 많이 했는데 그럼에도 불구하고 네가 참 잘 자라 주었잖아."

수진이가 답을 보냈다.

"엄마, 안 그래도 하나님이 오늘 아침에 케냐에서 네가 참 잘 자라 주어서 고맙다고 말씀하셨어요. 그리고 내가 수고하였기 때문에 성현이를 남편으로 준 거라고 하셨는데, 엄마가 선물을 잘 전달해 주셔서 감사해요. 우리는 행복한 그리스도인 부부예요."

내가 중매를 섰으니 선물을 잘 전달해 준 것이 맞다. 그리고 사위한테도 이런 메시지를 받았다.

"장모님, 아침에 눈을 뜨면 수진이와 저는 따로 Q.T를 합니다. 아침마다 하나님께 기도하는 아내의 모습은 정말 아름답고 감동적입니다. 수진이는 제 인생에 가장 큰 선물입니다. 이렇게 예쁘게 키운 딸을 저에게 보내주셔서 정말로 감사합니다."

나는 이렇게 하나님의 전적인 인도하심 가운데 사위를 맞이했다. 딸의 행복한 결혼 역시 순종의 열매인 것이다.

Chapter 08

순종과 혼동

이제 하나님의 음성을 안 듣겠다고?

'순종'하는 과정에서 우리는 혼동을 할 때가 많다. '과연 이것이 성령님의 목소리인가, 아닌가?' 하는 긴가민가한 상황이 생길 수 있다. 특히 하나님의 말씀인 줄 알고 순종했는데, 순종의 열매가 내가 생각했던 것과 다를 때 더욱 그러하다.

예전에 이와 관련해 매우 당혹스러운 일이 있었다. 그다음부터 하나님의 음성을 아예 듣지 않기로 마음먹었었다.

'아, 이러니까 다른 사람들이 하나님의 음성을 듣지 않는 거구나. 이거 위험성이 있어.'

이렇게 단정 짓고는 묵상과 성경만 읽고, 성경이 하라는 것만 한 적이 있다. 성경 이외의 성령의 음성은 듣지 않기로 한 것이다.

그러던 어느 날, 수양회 인도 때문에 다른 지역에 갈 일이 있었다. 먼 길을 달려 장소에 도착했는데, 그 순간 누군가 내 이름을 부르는 것 같았다.

"유니스!"

"누구? 나 부르는 거야?"

이렇게 되묻는 순간, 성령님이 이렇게 말씀하셨다.

"사람이 부를 때도 잘 못 들어서 '응?' '나 부르나?' 이렇게 되물을 때가 있는데 네가 뭐라고 하나님이 말씀하시는 음성을 꼬박꼬박 들을 수 있겠니? 너 그거 교만한 거야. 네가 항상 하나님의 음성을 잘 듣는다고 생각하는 것 자체가 교만이야. 네가 누군데 하나님의 음성을 항상 들어? 못 들을 수 있지! 그럼 네가 잘 못 들었다고 말을 해야 하지 않겠니? 그리고 다시 들으면 되지 않겠니? 사람끼리도 '나 불렀어?' 하고 확인하잖아. 하물며 하나님께서 말씀하시는데 네가 잘 못 알아들어놓고 '이제 하나님 음성 안 듣겠어!' 하는 건 교만한 게 아니겠니?"

그 이후로 나는 다시 하나님의 음성을 듣기 시작했다.

과거에 했던 설교를 유튜브에 올려두었는데, 조회 수가 궁금할 때 한 번씩 들어가 본다. 그중에 '하나님의 음성을 어떻게 듣는가?'라는 제목의 설교는 한 달도 되지 않아 조회 수가 12만 회가 넘었다. 그만큼 하나님의 음성을 듣는 것에 대해 궁금해하는 사람들이 많다.

하나님의 음성을 듣는 것에 있어 중요한 것은 성경적이어야 한다는 것이다. 사람의 신비한 경험에만 의존하면 안 된다. 예수님을 믿지 않는 사람에게도 신령한 경험은 종종 일어난다. 따라서 우리는 신비한 경험만을 쫓아가서는 안 된다. 그 경험으로 인해 하나님과 성경이 더 가깝게 느껴져야 한다.

'그래서 성경 말씀에 그렇게 쓰여 있는 것이구나.' 이렇게 성경이 점점 믿어져야 한다.

또한 신비한 체험들은 하나님을 더 사랑하도록 만드는 도구이다. 어렸을 때는 하라고 하시니까 순종했지만, 나이가 든 후로는 순종하면서 많은 갈등과 혼돈을 겪기도 했다.

어떻게 하나님 음성을 듣는다는 거지?

나는 대천덕 신부님에게 많은 영향을 받았다. 신학교 3학년 때 대천덕 신부님의 Q.T 세미나 테이프를 받은 적이 있었는데, 그때 배운 방법을 아직도 쓰고 있다. 다른 사람들에게 알려 주는 것도 그 방법이다. 그분의 Q.T 강의를 들으면 Q.T에 "하나님의 음성을 듣는다."라는 부분이 있는데 이것은 많은 사람으로 하여금 궁금증을 갖게 만든다.

'도대체 하나님의 음성을 어떻게 듣는다는 거야?'

실제로 Q.T 세미나에 가서 "하나님의 음성 듣는 사람 손!" 이러면 아무도 손을 들지 않는다. 그런데 세미나가 끝나고 나면, 많은 사람이 이런 반응을 보인다.

"아, 그것이 하나님의 음성이에요? 그러면 전 듣고 있어요!"

많은 사람이 하나님의 음성이 무엇인지를 잘 모르고 있기 때문이다.

대천덕 신부님은 Q.T를 하면서 '삶의 적용'까지 끝나면 하나님의 음성을 들으라고 하신다.

"이제부터 주의 음성을 듣겠나이다. 주의 음성이 아닌 것은 예수님 이름으로 명하노니 물러갈지어다." 하고 먼저 기도해야 한다. 그리고 그 다음부터 드는 생각과 마음은 하나님이 하신 말씀이라고 여기고 적어야 한다. '주의 음성이 아닌 것은 다 떠나갈지어다!' 이렇게 기도했으니 일단 적어 보라는 것이다. 내가 이렇게 주의 음성을 듣는 훈련을 하면서 알게 된 것은, 하나님의 말씀은 늘 긍정적이라는 것이다. 그리고 하나님을 더 사랑하게 만든다는 것이다.

예를 들어 "하나님, 저 너무 외로워요."라고 기도했다고 생각해 보자. 그러면 다음과 같은 음성이 들린다.

"왜 외롭다고 하니? 내 이름은 임마누엘이야! 나는 너와 항상 함께하지."

이런 식으로 내가 말하고 내가 대답하는 것이다. 만약 여기서 '그렇지! 난 혼자가 아니지. 하나님이 나와 함께 계셔!' 하는 생각이 든다면 이것은 하나님이 주신 말씀인 것이다.

"그들의 열매로 그들을 알지니"(마 7:16)라고 말씀하신 것처럼, 여기서 중요한 것은 방향성이다. 로마서 8장 9절에도 이렇게 기록되어 있다.

만일 너희 속에 하나님의 영이 거하시면 너희가 육신에 있지 아니하고 영

에 있나니 누구든지 그리스도의 영이 없으면 그리스도의 사람이 아니라

하나님의 영이 우리 가운데 거한다는 것은 내 마음의 생각에 하나님의 영이 거하는 것이다. 이는 나의 생각이 하나님의 영을 통하여서 말씀하실 수 있다는 것을 말한다.

마음은 마치 채널과도 같다. 하나님이 말씀하시는 채널 말이다. 그러므로 나의 생각이 하나님의 생각이면 하나님의 채널이 되는 것이고, 마귀의 생각이면 마귀의 채널이 되는 것이다.

예를 들어 내가 외롭다고 하는데, '죽어, 죽어. 넌 죽어야 해. 죽는 방법은 많이 있어.' 이처럼 하나님과 멀어지게 한다면, 하나님으로부터 온 음성이 아니다. 마귀가 하는 것은 훔치고, 망하게 하고, 죽이게 하는 것이기 때문이다. 마귀의 결론이자 최종 목적은 모든 사람이 다 구원받지 못한 채 죽는 것이다.

도둑이 오는 것은 도둑질하고 죽이고 멸망시키려는 것뿐이요 내가 온 것은 양으로 생명을 얻게 하고 더 풍성히 얻게 하려는 것이라 (요 10:10)

자살이 괜히 있는 것이 아니다. 마귀의 열매는 웃음도, 기쁨도, 감사도 사라지게 하고, 죽고 싶은 생각과 죽을 방법만 떠오르게

한다. 하나님 음성의 방향은 하나님이 기뻐하시는 삶의 열매가 열리게 하는 반면, 마귀의 말은 부정적이고 사람을 파괴시킨다.

묵상 중에 또렷이 들려주시는 음성

대학교 3학년 때 나는 대천덕 신부님의 Q.T 방법대로 노트를 편 후, 일단 성경 말씀을 읽고 삶의 적용까지 끝낸 다음 무릎을 가지런히 꿇고 주님께 정성껏 기도했다. "주여, 말씀하옵소서. 제가 듣겠나이다." 그리고 난 다음 드는 생각을 적는데, 한번은 "216호에 찾아가라."라고 하시기에 우선 적었다. 하나님의 음성 같지 않은 것도 일단 적으라고 가르쳐 주셨기 때문이다. 적으면서 속으로 이런 생각이 들었다. '여길 제가 왜 찾아가요? 여기가 어디예요? 도대체!'

당시 나는 학교 기숙사 사감이었다. 그래서 학생들의 생활을 잘 돌봐야 했는데, 그날은 마침 신입생 오리엔테이션이 있는 날이었다. 행사를 마치고 학생들이 기숙사로 돌아가는데, 한 명이 유독 낙심한 표정이었다. 그래서 그를 따라가 먼저 이름을 물었다.

그는 '락센(Roxcin)'이라고 했다.

"락센, 왜 이렇게 힘들어 보여?"

"내가 왜 이 신학교에 왔는지 이해할 수가 없어요. 하나님이 나를 보내신 게 맞는지 모르겠어요."

주님께서 너를 부르셨으니 이 학교에 온 것이 아니겠냐며 위로하고 권면해 주고 그 방을 나왔다. 그러면서 무심코 방 번호를 봤더니 216호가 아닌가? 온몸에 소름이 끼쳤다. 얼른 내 방에 가서 Q.T 노트를 펼쳐 보았다. "216호에 찾아가라."고 적혀 있었다.

그런 경험을 한 후 Q.T가 신기하고 재미있었다. 하나님의 음성이 계속 기대가 되었다. 그래서 또 다음날 Q.T를 마친 뒤 '하나님, 말씀하시옵소서.' 하며 기다렸다. 마음속에 내 생각을 통하여 하나님의 말씀이 들렸는데, 내가 과거에 가르쳤던 학생 박소미에게 편지를 쓰라는 음성이었다. 하나님이 너를 사랑한다는 내용으로 말이다. 그래서 소미에게 편지를 썼다.

"하나님이 너한테 말해 주래. 하나님이 너를 사랑한다고!"

이렇게 편지를 써서 보내 주었다. 마침 그때 소미는 둘째 콤플렉스로 너무 괴로워하고 있었다고 한다. 부모님이 언니는 첫째라서 사랑하고 막내는 막내라서 사랑하는데, 자신은 아무도 사랑하지 않는다고 여겼기 때문이다. 그런데 우편함에서 내가 보낸 편지를 발견하였고, 그것을 읽으면서 눈물을 펑펑 흘렸다는 것이다. 그 이야기를 나중에 듣는데 역시 소름이 돋았다.

하나님의 음성을 들었을 때 맺히는 열매는 바로 '하나님께서 영광을 받는 것'이다. 내가 들었다고 생각한 음성에 그대로 순종하면 내가 영광을 받는 것이 아니라 상대방이 하나님의 사랑을 느끼게 된다. 앞서 말한 216호의 락센도 나를 통해서 '아, 하나님이 나를 신학교로 보내셨구나!'를 확신하게 되었다.

이런 일들을 경험하면서 내가 하나님의 음성을 잘 들었다는 것이 무엇인지 깨닫게 되었다. 하나님이 영광을 받으시면 '내가 주의 음성을 잘 듣고 순종한 것이구나!'라고 알 수 있는 것이다.

순종과 응답

하나님의 말씀을 들으면서 잠시 혼동이 찾아왔던 순간이 있었다. 미국에서 사역할 당시, 암에 걸린 자매가 있으니 와서 기도해 달라는 부탁을 받았다. 알지도 못하고 본 적도 없는 분이었지만 부탁을 받고 그 집에 찾아가 기도를 했다. 하나님께서 자매의 암이 낫는다는 마음을 주셨기 때문에 나는 그대로 전달해 주었다. 아니나 다를까, 후에 병원에 가서 항암치료를 받고 검사를 했더니 암 수치가 확연히 내려갔다며 자매와 남편이 나에게 굉장히 고마워했다.

그런데 얼마 지나지 않아 자매의 사망 소식이 들려왔다. 그때부터 나는 극심한 혼돈에 휩싸였다. 분명 하나님은 암이 낫는다고 하셨고, 나는 말씀을 그대로 전했을 뿐이었다. 그 후로 가정이 회복되고 소망이 생긴 것도 사실이었다. 하지만 아내가 갑작스레 사망하자 충격받은 남편은 나를 많이 미워했고, 저주의 말까지 서슴지 않았다.

하나님이 주신 은사를 사용했음에도 나는 처절하게 상처를 받았다. 그뿐만 아니었다. 나를 믿어 주었던 친한 친구들도 나를 질책했다. 왜 덕을 쌓지 못하고 은혜 없는 일을 했냐며 나무란 것이다. 그 순간은 정말 거짓 선지자가 따로 없었다. 돌 맞기 일보 직전이었다. 그 뒤로 알 수 없는 혼돈의 답을 찾고자 책을 파고들었다. 도대체 이런 일이 왜 생기는 것인지, 그러면 앞으로 하나님이 주신 은사를 일절 사용하지 말아야 하는 것인지 혼란스러웠다. 그러던 중 한 권의 책을 통해 혼란과 어려움에서 벗어날 수 있었다.

그 책을 읽으면서 일단 내가 틀릴 수 있음을 인정하는 것이 필요함을 알게 되었다. 나는 하나님이 아니기 때문이다. 곧 내가 잘못 들을 수 있다는 것이다.

특히 하나님의 말씀을 전해 주었을 때 말씀을 받은 사람이 그 말씀을 받을 만한 그릇이 된 예도 있지만 그렇지 못한 예도 있다. 그것은 내 영역이 아닌 온전한 하나님의 영역이다. 따라서 나는 끝까지 순종만 하면 된다. 하나님은 나의 순종이 보고 싶으신 것이다. 또한 내가 그렇게 받은 말씀이 듣는 이에게 이루어지려면 그 사람의 순종 또한 필요하다. 그러니 내가 전해 준 말씀은 올바르다 해도 말씀을 받은 사람이 하나님과의 관계에서 받은 말씀을 불신할 수도 있다는 것이다. 그렇게 되면 내가 전달해 준 하나님의 말씀은 생명력을 잃게 된다.

This is how I obeyed!

Part 3

순종을
돕는 말씀

Chapter 09

말씀에서 배우는
순종의 축복

아주 간단한 '복 있는 삶'의 비결

"새해 복 많이 받으세요!" 새해가 되면 참 많이 주고받는 인사
다. 하지만 그런 인사를 받는다고 해서 복을 많이 받게 되는 걸
까?

성경에는 복 받는 길에 대한 구절이 많다. 우리가 잘 알고 있는
시편 1편만 보아도 잘 알 수 있다.

복 있는 사람은 악인들의 꾀를 따르지 아니하며 죄인들의 길에 서지 아니
하며 오만한 자들의 자리에 앉지 아니하고 오직 여호와의 율법을 즐거워하

여 그의 율법을 주야로 묵상하는도다 그는 시냇가에 심은 나무가 철을 따라 열매를 맺으며 그 잎사귀가 마르지 아니함 같으니 그가 하는 모든 일이 다 형통하리로다 (시 1:1-3)

하나님의 말씀을 지키지 않으면서 주위 사람들에게 나를 위해 기도 많이 해 달라고 하면 복을 받게 되는 걸까? 아니면, 영성이 있어 보이는 주의 종에게 가서 축복기도를 받으면 축복이 임하는 걸까? 혹은 교회에 헌금을 많이 내면서 "새해에 복 많이 주세요!"라고 기도문에 적으면 그해에 복이 많이 임하는 걸까?

축복기도를 안 받아도 복 받는 사람이 있고, 축복기도를 받아도 복 받지 못하는 사람이 있다. 차이점은 다른 게 아니다. 축복기도를 안 받아도 말씀대로 지켜 행하면 복이 임하고, 축복기도를 받아도 말씀대로 지켜 행하지 않으면 복은 임하지 않는다.

기도해 달라고 부탁하는 것은 좋은 것이라고 생각한다. 하지만 기도 부탁만 많이 해 두고 '누군가 나를 위해서 기도해 주겠지.' 하면서 내 마음대로 살아간다면 어떻게 될까?

복을 받기 위해 어떻게 해야 하는지 성경에 정확하게 기록되어 있어 감사하다. 하나님께서 하라는 것 하고, 하지 말라는 것 하지 말고, 마땅히 가져야 할 생각들 외에는 예수님의 이름으로 물리치면 된다. 단순하고, 깨끗하게 순수한 삶을 살면 된다. 이렇게 말씀에 순종하는 것이 복 있는 자의 모습이다.

Chapter 10

내가 언제나
당당할 수밖에 없는 이유

하나님의 인도 안에서는 늘 당당하다

우리는 매일 선택을 하며 살아가야 한다.

"오늘 주시는 말씀에 순종할 것인가, 불순종할 것인가?"

크리스천이라면 누구나 순종에 익숙해져야 한다. 불순종이 어려운 사람이 되어야 한다.

딸 수진이와 밤이 늦도록 이런저런 이야기를 나누곤 한다. 수진이는 지금까지 살아오면서 하나님이 자신에게 필요한 모든 것을 공급하셨으니 앞으로의 삶에도 하나님이 모든 것을 공급하지 않으실 리 없다고 한다. 자신의 삶에 하나님께서 확실하게 임하여 역사하셨기 때문에, 무엇을 먹고 무엇을 입으며 살 것인가에 대해 집중하기보다는 자신을 불태울 열정과 비전을 발견하고 싶다고 한다.

이처럼 삶에서 발견해야 할 가장 중요한 것은 하나님이 나에게 순종하기 원하시는 것이 무엇인가를 아는 것이다. 특히 하나님은 각각의 시기마다 순종할 일을 주신다. 당시 수진이가 스물네 살이었기에 내가 그 나이 때 어땠는지 이야기해 주었다. 그리고 50대 중반이 되기까지 내가 어떤 순종을 하면서 살아왔는지를 들려주었다. 내가 어떠한 것을 이루었다는 것이 아니다. 내게 주어졌던 모든 환경을 통해 '하나님이 누구신지'를 어떻게 깨달았는지를 들려주었다. 그리고 그 깨달음이 얼마나 중요한지를 알려 주었다.

많은 사람이 나에게 자신감이 넘쳐 보인다는 이야기를 하는데, 수진이도 나에게서 가장 닮고 싶은 부분이 바로 '자신감'과 '당당함'이라고 했다. 그래서 내가 그렇게 보이는 비결을 알려 주었다.

"수진아! 우리가 어떤 일을 할 때 '떨린다'라는 감정이 생기는 건 더 잘하고 싶은 마음 때문일 거야. '자신감이 없다.' '자격이 없다.'고 생각하는 것은 다른 사람과 자신을 비교하기 때문이지. 물론 주어진 일을 잘하고 싶은 생각이 없다는 것은 아니야. 내가 못하는 것도 다 잘 알아. 하지만 자격 없는 나를 불러 주시고 사용해 주시는 하나님께 말할 수 없이 감사해! 물론 지금보다 더 잘할 수 있도록 더 노력해야 하는 일들도 있어. 하지만 그런 부담으로 나를 짓누르기보다는 하나님이 나를 이 자리에 세워 주신 것에 더더욱 감사하는 마음이 필요해! 능력이 있다고 생각해서 자신감이 충만한 것보다는 능력이 없어도 나를 사용해 주시는 하나님께 감사하는 마음이 더 커야 한다는 거지. 그 감사의 크기가 엄마에게서 나오는 자신감의 비결인 것 같아. 물론 우리는 하나님 앞에서 양심에 거리낌 없는 사람이 되어야 누구를 만나더라도 당당함이 있지만, 일할 때의 당당함은 또 다른 것 같아. 남들과 비교하는 것보다는 나를 선택해 주신 하나님께 일단 감사하는 태도가 그런 당당함을 갖게 해 주거든. 남과 비교하면 끊임없이 낙망할 일만 있어. 그러니 본질에 충실해야 한단다. 본질은 바로 '하나님이 나를 사랑하신다는 것'을 깨달아 가는 거지! 그 수업을 하시기 위해서 하나님은 이런저런 환경들을 만들어 주시는 거거든. 그러니 그 환경에 포커스를 두면 안 돼. 그걸 통해서 '하나님'이 나를 사랑하심을 배워야 해."

하나님의 인도 안에서는 못할 것이 없다

나는 하나님이 내 능력 밖의 일을 시키셔서 힘들었던 일을 이야기해 주었다. 나는 서른네 살에 나이로비국제신학대학원(NIST)의 최연소, 최초 여자 교수가 되었다. 당시 나에게 '정신심리학 이론과 기독상담학의 이론비교학'이라는 과목이 맡겨졌다. 수업의 참고서적만 16권인데 심지어 모두 영문이었다. 나도 이해 못 하는 걸 어떻게 학생들에게 가르치라는 것인지 정말 막막했다. 하지만 그때 내가 했던 것은 기도하고 말씀으로 응답하시는 하나님의 음성에 차근차근 순종하는 것이었다.

그때 나는 기도를 하고 수업을 준비하곤 했는데, 놀랍게도 다음날 학생들이 내게 질문을 하는 것들이 모두 그 전날 내가 특별히 관심을 가지고 준비한 내용이었다. 이 모든 것은 '능력'이 아니고 '순종'이었다. 그때 한 학기를 어떻게 마쳤는지 잘 기억나지 않지만, 나는 최고 교수 평가를 받았다.

"수진아, 너 이제 나이 스물넷이야. 엄마는 네 나이일 때 지금 너보다 훨씬 더 미성숙했어. 그럼에도 불구하고 엄마는 이 나이에 그래도 많은 사람이 존경한다고 말해 주는 그런 리더가 되지 않았니? 나는 네가 엄마 나이가 되었을 때 어떤 리더가 되어 있을지 무척 기대가 돼. 우리 수진이의 자신감은 '하나님과의 동행함'에 있게 되기를 바란다! 그리고 무엇보다 가장 본질이 되는 '하나님의 사랑을 알아가는 일'에 집중하도록 하렴."

Chapter 11

말씀 따라 순종하는 삶

하나님의 음성 듣기를 사모한다는 것

그들이 예레미야에게 이르되 우리가 당신의 하나님 여호와께서 당신을 보내사 우리에게 이르시는 모든 말씀대로 행하리이다 여호와께서는 우리 가운데에 진실하고 성실한 증인이 되시옵소서 우리가 당신을 우리 하나님 여호와께 보냄은 그의 목소리가 우리에게 좋든지 좋지 않든지를 막론하고 순종하려 함이라 우리가 우리 하나님 여호와의 목소리를 순종하면 우리에게 복이 있으리이다 하니라 (렘 42:5-6)

예레미야는 이스라엘 백성에게 하나님의 음성을 전해 주었으나 그들은 듣지 않았다. 좋든지 좋지 않든지 순종하겠다고 했지만, 막상 들어보고 좋지 않다는 생각이 들자 순종하지 않았던 것이다.

우리도 이렇게 살고 있지는 않은지 돌아봐야 한다. 하나님 말씀대로 살겠다고 말해 놓고 나에게 이익이 없고 손해 볼 것 같고, 상처받을 것 같다고 해서 기도했던 것들을 무시하진 않았는지 말이다.

하나님의 음성 듣기를 사모한다는 것은 좋은 일이다. 하나님의 음성을 들은 후에 내가 그대로 행하겠다고 말하는 것 역시 좋은 일이 아닐 수 없다. 그러나 그렇게 말만 하면 우리가 좋아하는 '복'이 우리 인생에 임하는가? 그렇지는 않다. 구약시대에는 하나님의 음성을 선지자를 통해서 들었지만, 지금은 그렇지 않다. 우리는 성령의 시대에 살고 있다. 그러니 딱히 하나님이 '하라, 하지 마라.'라고 하시는 말씀을 다른 사람을 통해 들을 필요가 없다. 이미 성경에 하나님이 싫어하시는 것들, 좋아하시는 것들이 다 쓰여 있다.

간혹 성경에 적혀 있지 않은 것을 알고 싶어 하는 경우가 있다. 그런 마음이 '예언의 은사'나 '대언기도의 은사'가 있는 사람들의 기도를 받고 싶게 만든다. 물론 이런 은사들도 하나님이 사용하라고 주신 것이니 성경적이지 않을 리는 없다. 은사라는 것은 하나님의 자녀를 하나님 앞에 더 올바르고 건강하게 세우기 위해 사용되는 것이기 때문이다.

그러나 은사를 사람을 세우는 데 사용하지 않으면 하나님이 허락하신 것이 아니다. 그러므로 이런 은사를 받은 사람들을 맹목적으로 쫓아다니는 것을 하나님이 기뻐하실지 생각해 보아야 한다. 많은 사람이 점치는 이에게 복채를 주고 자기의 앞날을 물어본다. 심지어 대형 쇼핑몰 안에도 손금 보는 곳, 사주 보는 곳이 버젓이 자리 잡고 있다. 그야말로 귀신들, 잡신들이 판을 치고 있어도 사람들은 별 거부 반응 없이 받아들이고 있다. 교회에 다니면서도 점 보러 가는 사람이 있다. 하나님이 그 일을 얼마나 가증스러워하시는지 아는가? 내 앞날에 대한 궁금함, 답답함 그런 것을 점을 보고 굿을 하면서 해결하려는 것을 하나님은 '우상 숭배', '귀신 섬기는 일'로 여기시고 철저하게 금하신다.

어렸을 때 엄마가 집에서 굿을 했던 게 어렴풋이 기억이 난다. 엄마는 예수님을 믿기 전에 굿도 하고 점도 보았다. 나는 예수님을 믿고 난 다음 그러한 일들이 가지고 있는 위험성과 저주를 알게 되었고 예수님의 이름으로 그 모든 묶여 있던 사슬을 끊어냈다. 그뿐만 아니라 부지중에, 혹은 무지 중에 신문에 있는 별자리 운세, 오늘의 운세 같은 걸 보면서 알게 모르게 엮였을 법한 온갖 더러운 저주와 미신, 우상숭배의 죄에 대해서도 회개했다. 기도할 때 흔히 알고 지은 죄, 모르고 지은 죄를 회개해야 한다고 하는데 바로 이때도 적용된다.

듣는 것보다 중요한 '살아내는 것'

예언기도는 앞날에 대한 예언을 말하는 것이고, 대언기도는 하나님이 그 사람에게 하고 싶은 말을 대신해서 전달하는 것이다. 과거에 대천덕 신부님이 아론이 모세에게 하나님을 대신하여 말해 주었을 때를 예로 들며 이 은사에 대해 설명해 주셨던 것을 기억한다. 나는 기도를 받는 것은 괜찮다고 생각하지만, 대언기도나 예언기도를 받을 때 그 은사자가 어떤 사람인지 먼저 살피는 건강한 '영 분별'이 필요하다고 본다.

기도해 줄 테니 돈을 갖고 오라는 사람, 얼마를 갖고 와야 기도받을 수 있다고 하는 사람, 자기가 신령하니 따라만 오라고 하는 사람, 누군가를 비방하는 사람, 삶의 열매가 좋지 않은 사람, 이

웃과 자주 싸우는 사람, 음란한 사람 등이 해 주는 '대언기도'는 믿을 필요가 없다. '좋지 않은 이웃'이라는 평판을 듣는 사람이 '거룩한 하나님'의 말씀을 대신하여 전해 줄 리 없으니 말이다. 기도해 준다고 돈 갖고 오라는 사람은 특히 조심해야 한다.

　대언기도를 받으면 하나님의 마음을 알게 되니 기도 받은 사람은 더욱더 하나님 앞에 가까이 나아가게 된다. 하나님께 더 감사하게 된다. 죄가 드러나면 회개하는 심령이 단번에 생긴다. 용기가 없다가 용기가 생기고, 좌절을 하다가도 소망을 갖게 된다. 은사가 사용될 때 마땅히 나타나야 하는 열매들이다. 이런 은사를 통해 하나님 앞에 가까이 나아오는 것이니 대언기도 받는 것을 말려야 할 필요는 없다. 하지만 중요한 것은 모든 사람이 다 대언기도를 받아야 할 필요는 없다는 것이다.

　성경에는 '하라' 혹은 '하지 말라' 하는 말씀들이 있다. 그것을 잘 지키면 하나님이 복을 주신다고 했지 여기저기 다니면서 대언기도를 많이 받으면 복 주신다는 말씀은 성경에 없다. 나는 대언기도 받겠다고 누군가를 찾아가 본 적이 없다. 대신 매일 아침에 가장 먼저 성경을 읽고 묵상한다. 그리고 묵상한 것을 글로 적는다. 나는 그날그날 깨우치는 하나님의 말씀에 순종하기를 힘쓰면서 살아간다. 하나님을 먼저 사랑하고 이웃을 사랑하는 것이 내 삶의 첫째 되는 계명임을 알기에 그렇게 살아가려고 힘쓰고 있다. 물론 내가 힘쓰는 것이 아닌 주님의 힘으로 힘을 쓴다.

대언기도는 못 받았어도 "항상 기뻐하라, 쉬지 말고 기도하라, 범사에 감사하라"는 성경에 쓰인 말씀의 뜻을 잘 이루어 가며 살아가고 있다. 내가 모르는 내 앞날에 대한 걱정, 근심, 두려움도 없다. 누구보다 내 앞날에 대해 잘 알고 계시는 하나님을 알아가는 기쁨으로 인해 알 수 없는 앞날에 대한 두려움들은 잊고 산다. 하나님을 아는 기쁨이 더 커서 내일을 모르는 두려움은 잊게 되는 것이다.

말씀을 듣는 게 중요한 것이 아니라, 들은 말씀을 순종하며 살아가는 것이 더 중요하다는 것을 잊지 말자!

Chapter 12

순종과 불순종의 차이

하나님과 친해지려면

요한복음 2장 1–11절 말씀 끝에 나오는 "그를 믿으니라"에 주목하자. 이 믿음은 어디에서 나왔는가? 바로 하인들의 순종에서 나왔다. 이 말씀을 통해 그리스도인인 우리가 순종함으로써 비그리스도인이 하나님을 믿고 따르게 된다는 것을 기억해야 한다.

그렇다면 평상시에 우리는 어떤 사람이 되어야 할까? 하나님 말씀대로 정직하고 바르게 살아가야 한다. 길이요, 진리요, 생명이신 예수님을 믿고 성경대로 살아가며 본질을 지켜 행해야 한다. 세상 사람들이 보기에 우리는 '착한 사람'의 차원을 넘어, 말씀대로 살아야 하고 다른 사람들이 그런 나의 삶을 보면서 예수님을 볼 수 있어야 한다. 즉, 우리는 하나님 말씀에 순종하면서 살아야 한다.

본문에서도 하인들이 순종했더니 어떤 일이 일어났는가? 하인들 말고는 물이 어떻게 포도주가 되었는지 아무도 모른다. 하인들은 "물을 갖다 부어라"라고 하신 예수님의 말씀에 항아리 아귀까지 물을 꽉 채웠다. 이런 걸 보면 순종에도 단계가 있다는 생각이 든다. 하나님이 무엇인가를 해 오라고 하면 딱 그만큼만 하고 눈가림하는 사람들도 있다. 그러나 순종을 더 깊이 하면 할수록 기쁨도 더 깊어진다.

이 세상에 공짜는 하나도 없다. 그런데 구원은 공짜다. 너무 비싸서 살 수가 없기 때문에 공짜다. 하지만 하나님 앞에서 더 쓰임 받거나 더 깊은 기쁨을 체험하며 친밀감을 높이는 데에는 공짜가 없다.

하나님을 가까이하라 그리하면 너희를 가까이하시리라 (약 4:8)

친밀하고 싶으면 순종의 깊이도 그만큼 깊어져야 한다. 이것은 거룩한 욕심이다.

또한 물이 포도주로 변한 것은 하인들만 알고 있는 사실이었다. 얼마나 짜릿했을까? 남들에게 말하고 싶어서 입이 근질근질했을지도 모른다.

'이 포도주 어떻게 된 건지 아니? 내가 거기에 있었거든. 예수님이 나 보고 물 길어 오라 하셔서 내가 길어왔거든. 분명히 그냥 물이었어. 그걸 갖다 드렸는데 포도주로 바뀐 거야! 정말 놀랍더라고. 예수님이 하신 일이야! 이런 예수님을 어떻게 안 믿을 수 있겠니? 난 예수님 믿을 거야. 따라갈 거라고!'

하인들의 순종에 밖에 있던 사람들도 예수님을 믿게 된 것이다. 우리도 살아가면서 기적을 체험할 때 느껴지는 이 짜릿함을 사모할 수 있어야 한다.

그럼 가장 먼저 무엇을 해야 하는가? 순종을 해 봐야 한다. 해 보지 않고서는 이게 도통 무슨 말인지 평생 알 수가 없다. 우리는 "순종의 단맛을 알게 하여 주옵소서."라고 기도해야 한다. 또한 불순종했을 때 나타났던 억울한 일들의 원인이 나의 '불순종'에 기인한 일임을 깨달아야 한다. 그동안 왜 순종하지 않았는지에 대한 성찰이 있어야 하는 것이다.

나는 스물세 살에 전임전도사로 사역을 시작해서 목사, 선교사를 거쳤고 설교를 한 지 벌써 33년이 되었다. 설교자로서 "내가 살아내지 않은 말씀은 설교하지 않는다."라는 소신을 가지고 순간순간에 최선을 다했다.

순종에 대해서 설교하면서도 "저는 이렇게 순종해 봤습니다. 그랬더니 매 순간 하나님께서 놀랍게 역사하셨습니다. 이 귀한 순종을 왜 사람들은 어려워할까요? 순종이 익숙해지면 불순종이 힘들어집니다." 이런 말을 많이 한다.

아홉 명의 자녀

나는 아프리카 선교사로 가서 아홉 명의 자녀를 양육했다. 한 명만 친딸이고 여덟 명은 아프리카 아이들이다. 아이들이 아홉 명이나 되다 보니 옷값이 꽤 들어가서 벼룩시장에 가서 입던 옷들을 사곤 했다.

하루는 시장에 가려는데 혼자 많은 짐을 들고 오기엔 너무 무거워서 아들 한 명을 데려가려고 주변을 살폈다. 그때 눈에 띄는 녀석이 그날의 짐꾼이다. 보통 첫째 아들 피터가 눈에 띄곤 한다. "엄마 시장 갈 건데 따라올래?" 나를 따라 시장에 가는 날이면 피터는 그야말로 대박을 맞는다. 옷도 자기 마음대로 고를 수 있고, 짐 날랐다고 용돈도 두둑이 받기 때문이다. 시장 오가는 길에 엄마랑 대화도 많이 할 수 있는 특권은 덤이다.

"피터, 너 엄마가 'Follow me!(따라와!)' 하면 좋아, 안 좋아?" 하고 물었더니, 아주 좋다고 대답했다.

"엄마는 내가 할 수 있는 만큼 너를 먹여 주고, 재워 주고, 학교 등록금도 다 내주지만 솔직히 널 위해 죽으라고 하면 못하겠어. 내가 너를 사랑하는 것에는 이렇게 한계가 있는 거지. 그런데 예수님은 너를 위해 돌아가셨어. 엄마가 'Follow me!' 해도 이렇게 좋은 일이 많이 생기는데 널 위해 돌아가시기까지 한 예수님이 'Follow me!' 하면 얼마나 좋은 일이 생기겠니? 너 다음에 예수님이 따라오라고 하시면 갈 거야?"

그러자 아들이 말했다.

"I will follow Him!"

단박에 예수님을 따라가겠다는 것이다. 이처럼 예수님을 따르는 것 자체를 어렵고 힘들다고 생각하면 안 된다.

이에 예수께서 제자들에게 이르시되 누구든지 나를 따라오려거든 자기를 부인하고 자기 십자가를 지고 나를 따를 것이니라 (마 16:24)

이 말씀 때문에 '아, 예수님 따라 십자가를 지는 게 너무 힘들다.'라고 생각하기 쉽다. 그러나 초점을 바르게 맞춰야 한다. 우리는 십자가를 보는 것이 아니다. 예수님을 바라봐야 한다. 예수님이 누구신가? 날 위해 돌아가신 분이다. 그만큼 나를 사랑하시는 분이다. 이 사랑에 절절히 빠져들면 고난을 부담스러워하지 않고, 나를 사랑하시는 예수님을 더 사모하게 된다.

믿음의 주요 또 온전하게 하시는 이인 예수를 바라보자 그는 그 앞에 있는 기쁨을 위하여 십자가를 참으사 부끄러움을 개의치 아니하시더니 하나님 보좌 우편에 앉으셨느니라 (히 12:2)
Let us fix our eyes on Jesus, the author and perfecter of our faith, who for the joy set before him endured the cross, scorning its shame, and sat down at the right hand of the throne of God. (Heb 12:2)

십자가가 아니라 예수님께 시선을 고정하라고 하신 말씀을 기억하자!

하나님의 역사를 막는 불순종

한 나병환자가 예수께 와서 꿇어 엎드려 간구하여 이르되 원하시면 저를 깨끗하게 하실 수 있나이다 예수께서 불쌍히 여기사 손을 내밀어 그에게 대시며 이르시되 내가 원하노니 깨끗함을 받으라 하시니 곧 나병이 그 사람에게서 떠나가고 깨끗하여진지라 곧 보내시며 엄히 경고하사 이르시되 삼가 아무에게 아무 말도 하지 말고 가서 네 몸을 제사장에게 보이고 네가 깨끗하게 되었으니 모세가 명한 것을 드려 그들에게 입증하라 하셨더라 그러나 그 사람이 나가서 이 일을 많이 전파하여 널리 퍼지게 하니 그러므로 예수께서 다시는 드러나게 동네에 들어가지 못하시고 오직 바깥 한적한 곳에 계셨으나 사방에서 사람들이 그에게로 나아오더라 (막 1:40-45)

본문에 나오는 나병환자는 불순종의 케이스다. 나병환자니 사람들로부터 따돌림을 당할 수밖에 없다. 이 사람에게는 하나님의 도움이 필요했다. 그래서 예수님께 나아왔고 고침 받을 수 있었다. 예수님은 고침 받은 것을 말하지 말고 제사장에게 가라고 했지만 그는 순종하지 않았다. 45절에 보면, '이 일을 많이 전파하여 널리 퍼지게' 했다고 말한다. 결국 이것 때문에 예수님은 동네에 들어가시지 못했다. 병이 나은 나병환자는 불순종함으로 주님이 하실 일을 막아 버린 것이다.

우리가 불순종하면 전파되어야 할 복음이 막힌다. 불순종은 곧 우리가 말씀대로 살아가지 못하는 것인데, 이럴 때 비그리스도인의 비난을 받기 십상이다.

"아휴, 교회 다닌다는 사람이 왜 저래. 이래서 교회 안 다녀!"

나는 택시를 타면 보통 기사님들을 전도하는데, 그분들과 대화하다 보면 대부분 그리스도인의 행실이 걸림돌이 된다. 많은 기사님이 어느 집사님 또는 어떤 목사님 때문에 교회에 안 다닌다고 대답한다. 그럴 때면 내가 그리스도인인 게 얼마나 미안한지 모른다. 오죽하면 어떤 기사님한테는 "교회를 대표해서 사죄합니다." 하면서 요금을 더 드리기도 한다.

그리스도인인 우리의 불순종의 행실 때문에 복음의 길이 막힐 때가 많다. 우리가 행실을 바르게 하고, 말씀에 순종하며 최선을 다하겠다는 작정이 필요하다.

Chapter 13

최고의 날 묵상 |묵상 나눔|

내 감정조차도 마음대로 표현하지 않아야 하는 순종

인자야 내가 네 눈에 기뻐하는 것을 한 번 쳐서 빼앗으리니 너는 슬퍼하거나 울거나 눈물을 흘리거나 하지 말며

Son of man, with one blow I am about to take away from you the delight of your eyes. Yet do not lament or weep or shed any tears.

에스겔은 어떠한 선지자였을까? 에스겔서를 읽다 보면 '하나님은 에스겔이랑 참 친하셨구나.' 하고 생각하게 된다. 하나님은 에스겔에게 이렇게 말씀하셨다.

인자야 내가 네 눈에 기뻐하는 것을 한 번 쳐서 빼앗으리니 너는 슬퍼하거나 울거나 눈물을 흘리거나 하지 말며 죽은 자들을 위하여 슬퍼하지 말고 조용히 탄식하며 수건으로 머리를 동이고 발에 신을 신고 입술을 가리지 말고 사람이 초상집에서 먹는 음식물을 먹지 말라 하신지라 (겔 24:16-17)

하나님은 에스겔에게 이 말씀을 주시고 그날 저녁 아내의 목숨을 가져가셨다. 하루아침에 너무나 가슴 아프고 억울한 일이 일어난 것이다. 이 상황에서 하나님은 에스겔에게 감정조차도 어떻게 다스려야 하는지 말씀하신다. 에스겔이 마음대로 울지도 못하게 하신 것이다.

이런 상황을 맞으면 나는 하나님께 어떻게 반응할까? 왜 하필이면 내 아내였냐고 묻고 싶지 않았을까? 왜 하필이면 이런 상황에서 내가 '본보기'가 되어야 하느냐고 말하고 싶진 않았을까? 자기의 감정조차 마음대로 표현할 수 없는 상황이라니….

그러고 보면 순종의 종류도 참 다양하다는 생각이 든다. 불 속에라도 들어가는 것이 순종이라면, 목숨 바쳐 복음을 증거해야 하는 것이 순종이라면, 때로는 드러내고 싶은 감정을 감추는 것도 순종인 것이다.

"주님! 에스겔하고 많이 친하셨나 봐요. 그런 명령을 내려도 에스겔이 하나님을 원망하지 않고 꿋꿋하게 하나님의 마음을 이해해 줄 것을 아신 거잖아요!"

하나님의 마음을 나누어 갖는 사람들, 하나님을 그만큼 알아야 가능한 일일 것이다. 아내를 하루아침에 잃어버린 에스겔의 마음은 과연 어떠했을까? 그리고 이스라엘 모든 백성을 하루아침에 잃어버려야 했던 하나님 아버지의 마음을 그 누가 이해할 수 있을까?

하나님은 에스겔에게 이렇게 말씀하신 것이 아닐까? "얘 너의 아내를 잃으니 너 마음이 어떠니? 얼마나 아프니? 너 내 마음 아픈 것 조금이라도 이해하겠니? 아니, 이해해 줄 수 있겠니? 내 마음이 너무 아프단다. 누구한테 이 마음을 이야기할 수 있을까? 네가 좀 들어 주지 않으련? 네가 좀 나를 이해해 줄 수 있겠니?"

세상에 많은 사람이 이유 없는 고통으로 몸부림치기도 한다. 이유 없는 고통 중에 있는 사람들, 환란 중에 있는 사람들, 어려움에 있는 사람들…. 어쩌면 하나님이랑 참 친한 사람이라는 생각이 든다. 하나님의 아픔을 조금이라도 나눠 가질 수 있는 자격을 갖춘 사람이니 말이다.

주님! 오늘도 최고의 날입니다.

에스겔의 마음을 이해할 수 있는 사람이라면, 하나님의 마음도 조금이나마 이해할 수 있는 사람일 것이라고 생각해 봅니다. 우리는 감정조차도 마음껏 표현하지 않아야 할 때가 있는 것 같습니다. 하나님이 그렇게 명령하신 거라면 말이죠! 내 뜻대로 다 되는 것이 하나님의 뜻이 아님을 조금씩 알아가는 것 같습니다. 때에 따르는 순종을 잘 하면서 살아가도록 도와주옵소서.

하나님의 뜻을 알고 알게 된 뜻에 감사로 순종하면서 하루하루 살아가는 것이 내 삶에 가장 큰 기쁨이라는 것을 오늘도 명심하면서 살아가게 하여 주옵소서!

순종하는 자들을 꼭 돌보시는 하나님

예레미야 26장 24절

사반의 아들 아히감의 손이 예레미야를 도와 주어 그를 백성의 손에 내어 주지 아니하여 죽이지 못하게 하니라

Furthermore, Ahikam son of Shaphan supported Jeremiah, and so he was not handed over to the people to be put to death.

하나님의 명령을 선포한 예레미야는 그 순종으로 말미암아 생명의 위협을 받게 된다. 이처럼 하나님이 하라는 것을 그대로 하는 게 항상 삶의 순적함과 형통함으로 이어지는 것은 아닐 수 있다. 어려운 상황에서 예레미야는 도움의 손길을 만났다. 그가 바로 아히감이다. 그는 타인에게 도움을 줄 수 있는 자리에 있었다.

하나님은 기적적으로 나타나 일하실 수 있지만, 예레미야에게 도와줄 수 있는 사람을 보내주셨다. 이는 하나님이 말씀에 순종한 자를 절대로 소홀히 두시지 않는다는 이야기이다. 하나님의 사람에게는 도움의 손길이 항상 준비되어 있다는 것이다. 하나님은 사람이 감당치 못할 시험을 당할 때는 피할 길을 주신다. 우리의 삶에 피할 길을 예비해 두신 우리 하나님이시다.

우리 삶에서 중요한 것은 '하나님이 하라는 것을 해 내는 순종'이라고 생각한다. 하나님이 하라는 것을 행했을 때, 그 순종으로 인하여 어떠한 일들이 벌어진다 하더라도 겁을 낼 필요가 없다. 담대해야 한다!

"믿음이 없이는 여호와를 기쁘시게 못하나니" 여호와를 기쁘게 하는 것이 우리 삶의 목적인데 그 목적을 이루기 위한 방법이 믿음을 갖는 일이라 하니, 내가 행한 일들이 믿음을 뿌리로 한 일이라면 무엇을 두려워하리요!

주님! 오늘도 최고의 날입니다.
주님은 우리의 순종을 보시고 우리의 순종에 합한 도움의 손길들을 보내 주십니다. 할렐루야! 예레미야의 순종을 기뻐하사 아히감을 보내어 예레미야의 어려운 시간을 도와주게 하신 우리 하나님! 도움이 필요했던 시간마다 주님이 천사들을 보내 주시듯 그렇게 저를 도와주게 한 손길들이 있습니다. 그분들을 다 축복하여 주시고 저 역시 누군가의 어려운 시간에 '도움이 되어 줄 수 있는 삶'으로 평생을 살 수 있도록 도와주옵소서!

여호와를 기뻐함이 나의 힘이라

느헤미야가 또 그들에게 이르기를 너희는 가서 살진 것을 먹고 단 것을 마시되 준비하지 못한 자에게는 나누어 주라 이 날은 우리 주의 성일이니 근심하지 말라 여호와로 인하여 기뻐하는 것이 너희의 힘이니라 하고

Nehemiah said, "Go and enjoy choice food and sweet drinks, and send some to those who have nothing prepared. This day is sacred to our Lord. Do not grieve, for the joy of the LORD is your strength."

성도들에게 대언기도해 줄 때 주님이 자주 주시는 말씀이 바로 느헤미야 8장 10절의 "여호와로 인하여 기뻐하는 것이 너희의 힘이니라"이다. 많은 사람이 힘이 없을 때, 그 힘을 사람으로부터 혹은 환경을 통해 얻으려고 하는데 하나님이 정작 주시는 참된 힘은 바로 '여호와를 기뻐하는 것'에 뿌리를 내리는 것이다. 환경이 변하지 않아도 힘이 있는 비결은 바로 하나님으로 인해 기쁜 것이다.

어떻게 하나님으로 인해 기쁠 수 있는가? 하나님을 사랑해야 하나님으로 인해 기쁘다. 우리는 힘든 일이 있더라도 좋아하는

사람을 만날 생각에 저절로 기뻐질 때가 있다. 그러니 우리는 하나님을 생각하는 것만으로 기쁨이 있어야 한다. 그 기쁨이 우리로 하여금 힘든 삶의 도전적인 일들을 이겨내게 할 것이다.

주님! 오늘도 최고의 날입니다.
내 삶에 샘솟는 힘은 늘 여호와 하나님을 기뻐하기 때문임에 감사드립니다. 문득 하박국 3장 17-18절 말씀이 떠오르네요.

비록 무화과나무가 무성하지 못하며 포도나무에 열매가 없으며 감람나무에 소출이 없으며 밭에 먹을 것이 없으며 우리에 양이 없으며 외양간에 소가 없을지라도 나는 여호와로 말미암아 즐거워하며 나의 구원의 하나님으로 말미암아 기뻐하리로다

나의 힘이 되신 여호와여 내가 주를 찬양합니다!

나는 무엇으로 인하여 마음이 상하는가

사도행전 17장 16절

바울이 아덴에서 그들을 기다리다가 그 성에 우상이 가득한 것을 보고 마음에 격분하여

While Paul was waiting for them in Athens, he was greatly distressed to see that the city was full of idols.

'마음에 격분하여'라는 말이 마음에 와닿는다. '격분하다'는 영어성경에 'distressed'라고 번역되어 있다. 이는 스트레스를 많이 받았다는 뜻도 되고, 마음이 많이 상했다는 뜻도 된다. 무엇으로 인하여 바울은 이렇게 마음이 상했는가? 그는 머물고 있었던 도시에 우상이 매우 많은 것을 보고 격분했다.

그렇다면 무엇이 나를 격분하게 하는가? 무엇이 나의 마음을 심히 상하게 하는가?

요즘은 이런저런 무거운 이야기들을 자주 듣는다. 고난은 유익을 위한 도구가 되기도 하지만, 그렇지 않을 때도 있다. 삶의 잘못된 선택 때문에 '심은 것을 거두는 때'도 있기 때문이다. 그럴

때는 '그것을 선택하지 않았더라면…' 하는 생각이 저절로 든다.

얼마 전에는 어느 자매가 불쑥 나를 찾아왔다. 뜬금없이 요즘 이혼을 준비하고 있다고, 이혼에 대한 하나님의 뜻을 구하고 있다고 했다. 나는 자매를 물끄러미 보면서 말했다.

"결혼할 때 이미 하나님 안 믿는 사람이라는 것 알고 결혼하지 않았어요? 성경을 보고 분명히 하나님 뜻이 아니라는 것 알았잖아요. 처음 결혼할 때 하나님 뜻 무시했는데 이제 와서 이혼에 대한 하나님의 뜻을 구한다니 어떻게 생각해요?"

위로는 못 받고 도리어 나에게 질문을 받았던 자매. 물론 이후에 위로와 기도를 해 주었다. 이처럼 잘못된 선택을 하고 난 다음, 스스로가 감당해야 하는 '몫'은 있는 것 같다.

그러나 하나님은 긍휼하심이 많으셔서 어떤 상황에서도 우리를 도우시고 또 도우신다. 안 그러면 누가 주님 앞에 나와 기도할 것인가! 그럼 주님은 옳은 일을 한 사람의 기도만 들어주시는가? 그렇지 않다. 하나님은 우리 모두에게 긍휼을 베풀어 주시고, 우리가 '은혜의 보좌'로 나오도록 인도해 주신다.

하나님 잘 믿고, 계명을 잘 지켜야 함이 '족쇄' 같을는지 모르겠지만, 하나님 안에서 행복하려면 계명을 잘 지키고 순종하면서 살아야 한다. 그러면 평안하다. 그러면 행복하다.

예수님을 믿음으로 천국에 갈 신분을 얻게 된 우리는 주님이 주시는 능력으로 계명을 지키는 것이 쉬워져야 한다. 이제는 죄의 노예가 아니기 때문에 죄에 휘둘림 받는 것이 아니라 죄를 다스릴 줄 알아야 한다. 예수님을 믿으면 사망의 권세에서 부활의 권세로 옮겨간다. "이전 것은 지나갔으니 보라 새것이 되었도다." 라고 했으니 이전의 죄 된 모든 습관에서도 완전히 자유함을 입었노라고 선포하고 그렇게 살아가야만 하는 것이다.

우리는 언제 '평화롭다.'라고 하는가? 싸움이 없을 때를 평화로운 때라고 한다. 늘 죄와의 싸움 속에 있는 우리! 죄와 싸워 이기면 당연히 평화를 누리게 된다. 계명 지키는 것을 버거워할 필요가 없다. 자유는 방임과 방종이 아니라, 죄를 지을 수 있지만 죄를 짓지 않을 때 얻는 '자유함의 능력'이다.

주님! 오늘도 최고의 날입니다.

누군가가 나에게 평안하냐고 묻는다면 저는 "평안합니다!"라고 자신 있게 말할 수 있습니다. 나를 종노릇 시키는 죄에 묶여 있지 않기 때문입니다.

저는 하나님의 종입니다. 육의 종이 아닙니다. 영의 사람입니다. 저는 세상

임금을 섬기지 않습니다. 여호와 하나님, 만군의 하나님을 섬깁니다. 저는 질그릇과 같아서 깨어지기 쉬우나 내 안에 보배로운 예수 그리스도가 계십니다.

오늘도 나의 삶은 평강의 삶, 그리고 승리의 삶입니다. 저는 이렇게 살기 위해 지음 받았습니다. 창조의 때 하나님께서 저를 만드신 그 목적대로 살아가고 있습니다. 이렇게 살 수 있음에도 불구하고 죄의 종으로 살아가기를 선택하는 그리스도인들로 인하여 마음이 참으로 버거운 요즘입니다. 나만 자유하다고 기뻐하고 감사할 것이 아니라, 억눌리고 자유하지 못한·이들에게 도움이 되는 제가 되도록 도와주옵소서!

나의 순종이 '구원의 통로'가 되기를

역대하 30장 9절

너희가 만일 여호와께 돌아오면 너희 형제들과 너희 자녀가 사로잡은 자들에게서 자비를 입어 다시 이 땅으로 돌아오리라 너희 하나님 여호와는 은혜로우시고 자비하신지라 너희가 그에게로 돌아오면 그의 얼굴을 너희에게서 돌이키지 아니하시리라 하였더라

If you return to the LORD, then your brothers and your children will be shown compassion by their captors and will come back to this land, for the LORD your God is gracious and compassionate. He will not turn his face from you if you return to him.

나 한 사람이 하나님 앞에서 잘 살면 내가 사랑하는 사람들도 하나님께로 돌아오게 된다. 이 본문은 영어성경(NIV)으로 보면 "then your brothers and your children will be shown compassion"이라고 기록되어 있다. brother은 한국말로 형제이다. 흔히 남동생이나 형을 일컬을 때 brother이라고 한다. 이 말씀을 개인적으로 적용한다면 "네가 내 뜻 안에서 잘 살면 너의 남동생을 내가 이 땅으로 돌아오게 해 주리라"라고 하나님께서 말씀하고 계시는 것 같다.

물론 이 말씀은 유다 백성이 적군에게 포로였을 때, 유다 백성이 하나님을 섬기기로 작정하고 악에서 돌이키면 그들을 본국으로 돌려보내 주겠다는 말씀이다.

내 형제가 다른 나라에 포로로 가 있는 상황은 아니지만, 하나님을 떠나 있는 사람은 세상의 포로가 된 것이나 마찬가지니 나에게도 그대로 적용할 수 있겠다. 내가 일단 하나님 앞에서 고범죄를 짓지 않고, 내가 할 수 있는 한 최선을 다해 말씀대로 살아간다면 내 형제 또는 나의 사랑하는 사람 중 세상에 포로 되어 사는 사람이 하나님께 돌아오도록 하나님이 긍휼을 베풀어 주실 것이라고 믿는다.

나는 어머니, 아버지가 모두 천국에 가셨다. 어머니는 폐암 말기 진단을 받고 1년 동안 투병하시다가 천국으로 가셨는데, 천국 가시기 전에 남기신 유언은 큰 남동생이 교회 출석을 잘했으면 좋겠다는 것이었다. 나에게는 남동생 둘이 있다. 막내 남동생은 하나님을 잘 믿지만, 큰 남동생은 아직 하나님과의 인격적인 만남을 경험하지 못했다. 워싱턴 D.C.(Washington D.C.)에서 변호사 일을 하고 있는데, 사회적으로 안정된 직장에서 인정받고 있으니 이대로 행복하다고 말한다. 믿음이 돈독한 우리 엄마는 새벽기도를 하루도 빠진 적이 없으셨는데, 가장 큰 기도제목이 바로 남동생이 예수님을 영접하고 교회에 열심히 다니는 것이었다. 그것이 얼마나 간절한 바람이었으면 유언으로까지 말씀하셨을까? 하늘에서도 우리 어머니는 남동생을 위해 기도하고 계실 것이다. 이제는 아프지 않고 건강한 몸으로 아들을 위해 기도하고 계시리라 믿는다.

그러니 나는 이 본문을 적용하며 내가 하나님 잘 믿으면 내 남동생이 하나님께로 돌아오도록 하나님이 긍휼을 베풀어 주실 것임을 믿고 기도할 것이다.

주님! 오늘도 최고의 날입니다.

하나님을 믿고 예수님을 삶의 구세주로 믿는 모든 사람은 영혼을 향한 사랑을 갖게 됩니다. 사랑하는 사람들과 함께 하나님의 사랑을 나누고 싶어지고, 전도를 하게 됩니다. 그리고 하늘나라에서 같이 살고 싶어집니다. 이 땅에서도 사랑하기에 영원토록 함께 하고 싶어집니다.

그래서 우리는 여러 방법으로 전도를 합니다. 노방전도도 하고, 관계전도도 하고, 좋은 말로도 하고, 좋은 행실로도 전도합니다. 모두 다 '복음의 통로'가 되기 위함이지요.

오늘 말씀을 묵상하면서 내가 하나님 앞에서 올바르게 살아가는 삶 자체가 내 사랑하는 이들이 하나님께로 올 수 있게 하는 통로가 된다는 생각을 갖게 해 주셔서 저에게는 위로가 됩니다. 말로 전도해도 안 듣는 것 같고, 행실로 보여 주어도 별 영향력이 없는 것 같아서 '이러다 정말 끝까지 하나님 안 믿으면 어쩌지.' 하는 생각이 들 때도 있지만, 제가 하늘나라 가는 그날까지 주님 말씀에 잘 순종하면서 살아가면 하나님이 긍휼을 베푸사 나의 사랑하는 이들이 하나님께 돌아올 수 있다고 말씀해 주시는 것 같아 참 감사합니다.

전도할 때 이 방법도 저 방법도 안 되는 것처럼 보여도 끝까지 믿음을 가지고 주님 앞에서 잘 살아가도록 도와주옵소서. 말씀에 순종하며 잘살고 있다고 하나님으로부터 받는 인정이 꼭 나의 사랑하는 이들에게 구원의 통로가 되게 하여 주옵소서.

This is how I obeyed!

Part 4

순종의
열매

Chapter 14

대언기도의 순종과 그 열매

하나님이 나의 입술을 통해

대언기도는 예언기도와 다르다. 성경에 있는 대로 이야기하자면, 대언기도는 아론이 모세와 동역할 때 하나님께서 "아론이 너를 대신해서 이야기할 것이다"라고 하신 것과 같다.

영어로 하면 'on behalf of'다. 하나님을 대신해서 아론이 이야기해 줄 것이라는 의미다. 앞으로 어떤 일이 생길 것이라는 예언을 해 준다기보다는 하나님을 대신해서 이야기해 주는 그런 은사를 말한다.

대언기도 은사는 '하나님께서 나의 마음을 알고 계시는구나,

내 기도를 듣고 계셨구나, 내 상황을 아시는구나.' 하는 확신과 위로를 얻게 한다. 그리고 이를 통해 하나님은 우리의 믿음이 자라고 믿음의 진보가 일어나게 하신다.

나는 대언기도를 사모했다. 왜 그랬는지는 모르겠지만 신학교 3학년으로 편입한 후 새벽기도를 할 때마다 하나님께 대언기도의 은사를 달라고 했다. 학교에는 두 개의 채플이 있었는데 오래되고 낡은 메모리얼채플에서 새벽에 기도하는 사람이 많았다.

나도 그곳에서 매일 새벽 5시부터 7시까지 기도했다. 그날도 어김없이 열심히 기도하고 있는데 어떤 미국 학생이 들어와서 기도를 하는 모습이 눈에 띄었다.

그때 하나님은 갑자기 "저 학생한테 가서 내가 하고 싶은 말을 대신해 주어라."라는 음성을 들려주셨다. 공중에서 들려온 음성이 아니라, 내 마음속에 들어온 생각이었다.

그때 나는 처음으로 구체적인 내용의 말씀을 들었다. 나는 용기를 내서 그 학생에게 다가갔다. 아직도 학생의 이름이 기억난다.

"티나, 하나님께서 너한테 말씀을 전해 주라고 하셔."

이렇게 말을 시작했는데 속으로 얼마나 떨었는지 모른다. 문득

'하나님께서 이제 와서 티나에게 아무 말도 안 해 주시면 어떡하지?' 하는 생각도 들었다.

그렇게 첫 마디를 시작하고는 방언으로 티나를 위해 기도를 했다. 그리고 해석해 주었다.

"티나, 남자친구에 대해 걱정하지 마. 그리고 돈 걱정도 하지마. 하나님이 다 공급해 주신대⋯."

나는 하나님의 말씀을 그대로 전달하면서도 속으로 이런 생각을 했다.

'어이쿠, 티나에게 남자친구가 없으면 어떡하지? 나 완전히 이상한 사람이 되는 거 아니야?'

초조한 마음도 생겼지만 그래도 하나님이 그런 마음을 주셔서 전달해 주었고 이어서 주신 말씀도 전했다. 그렇게 두 가지를 말해 준 다음 채플을 떠났다. 그날 나는 티나를 만날까 봐 도망을 다녔다.

"아니, 글쎄 아침에 내가 채플에서 기도를 하는데 웬 여자애가 다가오더니 남자친구가 어쩌고저쩌고, 돈이 어쩌고저쩌고 얼토당토않은 말을 하더라. 너무 황당했어." 티나가 꼭 이렇게 말하고 다녔을 것 같았다. 티나를 하루 종일 피해 다녔는데, 저녁 식사하러 가는 시간에 교정에서 티나와 딱 마주쳤다. 순간 모른 척하고 지나가려고 하는 나를 붙잡은 티나는 놀라운 고백을 들려주었다.

"나를 위해 기도해 줘서 정말 고마워! 사실 그때 나는 '하나님, 제 남자친구가 이 학교에 와야 하는데 어떡하면 좋죠? 남자친구도 이 학교에 오고 싶어 하는데 돈이 없어서 못 왔어요.'라고 기도하고 있었어." 그런데 내가 바로 자신의 기도를 들었던 것 마냥 그런 응답을 전달해 주었다는 게 아닌가. 또한 등록금이 없어서 걱정하며 기도했는데 "하나님이 다 공급해 주실 것이니 걱정하지 말아라."라고 답을 해 주어서 정말로 놀랐다는 것이다.

"남들이 알아듣지 못하게 방언으로 기도하고 속으로 하나님께만 말하고 있었는데 네가 바로 나한테 그런 말을 해 줘서 정말 놀랐어. 그리고 정말 고마워!"

이것이 1987년 신학교에 입학하여 대언기도 은사를 받은 첫날의 사역이었다. 그리고 지금까지 나는 그 은사를 사용하고 있다.

이 은사로 인해 정말 놀라운 일들이 많이 일어났다. 하나님이 대언하라고 말씀하실 때 나는 그저 순종만 했다. 그리고 순종의 결과는 놀라웠다.

다음은 대언기도에 순종하는 가운데 다른 이들이 고백한 간증들이다.

하나님은 나를 사랑하고 계신다

"낙심하지 말지라. 낙심은 적에게 너의 미약함을 보이게 되는 것이니 절대로 낙심하지 말지니라. 내가 나의 방법으로 너를 세우겠음이라. 그날이 오고 있음이라. 조금만 더 인내할지니라. 그날에 다른 모든 사람이 너를 보면서 함께 기뻐하게 될 것이니라. 하나님의 이름이 크게 영광을 받겠다는 것이다. 딸아 선한 일을 할 때 낙심하지 말고 끝까지 나갈지니라. 네가 그 영광을 보게 될지니라."

2016년 방송국 작가로 사역을 하고 있을 때 선교사님께서 대언기도를 해 주셨습니다. 그때 그 기도를 녹음하여 수시로 듣고 또 들었습니다. 참 힘든 시기였는데 마침 선교사님을 통하여 믿음을 견고하게 세울 수 있었습니다.

물론 그전에도 대언기도를 해 주셔서 하나님이 나를 얼마나 사랑하고 있는지를 생활 속에서 확증을 받고 있었습니다. 그러나 억울하고 심란할 때 주시는 하나님의 말씀은 정말 특별했습니다. "선한 일을 할 때 낙심하지 말고 끝까지 나갈지니라."라는 대언의 말씀을 꽉 붙잡고 다시 일어설 수 있었습니다.

그리고 그 후로 선한 일을 시작하고 이어갈 때 하나님이 그분의 방법대로 나를 세우신다는 말씀을 붙잡습니다. 5년이 지난 지금은 SNS를 통하여 중보기도 사역과 말씀 통독 사역을 하고 있고, 사회복지 쪽으로 여러 개의 자격증을 따서 또 다른 선한 일을 하기 위해 준비와 훈련을 해 나가고 있습니다.

"하나님, 사랑합니다. 나는 오늘도 예수님만 찬양합니다!"

순종의 열매를 거두며

"여호와 하나님이 너에게 필요한 능력을 주께서 주셨음이라. 네가 이것을 잘 사용하고 있으니 나의 마음에 기쁨이 있다. 좋은 청지기, 성실한 청지기, 작은 것을 맡겼더니 충실히 행하였음에 내가 큰 것을 맡길 것이다. 여호와를 기대할지니라. 하나님께서 하실 커다란 일을 목도하게 될 것이다. 너도 놀랄 것이다. 하나님이 하실 커다란 일이 준비되어 있음이라. 하나님의 가장 정확하고 완전한 시간에 준비된 것이 너의 마음에 안기게 될 것이다. 커다란 선물을 받게 될 것이다. 딸아 기다리라. 기대감을 가지고 여호와를 기다릴지니라. 너의 기대를 뛰어넘는 하나님의 선물을 만나게 될 것이다. 좋으신 하나님이다. 너에게 정말 좋으신 하나님이시다. 앞으로 더욱 그리하실지니라. 놀라운 주의 선물을 기대할지니라!"

하나님께서는 선교사님을 통해 위의 말씀을 주시고 '일천 번제 예배(전도)'의 감동을 주셨습니다. 기도할 때마다 한 단계, 한 단계를 알려 주시며 친히 일천 번제를 이끌어가셨습니다. 이 일천 번제는 복음 전도의 '결신문'이 담긴 덧신을 100일 동안 100명에게 전하는 것이었습니다. 선교사님의 대언기도를 받은 이후부터 하나님께서는 본격적으로 기도를 시키시고 한 사람, 한 사람씩 예배자(전도자)들을 세워주셨습니다. 2019년 6월, 하나님께서는 기도 중에 운영 방법까지 세심하게 알려주시며 함께해 주셨습니다.

현재는 덧신에서 마스크로 바뀌었으며, 세계 각국의 언어로 번역된 결신문이 들어갑니다. 하나님께서 하실 큰일을 믿고 말씀에 순종했을 때, 하나님은 가장 정확하고 완전한 시간에 준비한 것을 우리에게 선물로 주셨습니다. 나의 기대를 뛰어넘는 하나님의 선물을 받은 것입니다. 즉각 순종할 수 있도록 이끌어 주신 하나님께 감사드리고, 오늘까지도 땅끝까지 복음을 전해 주시는 성령님께 감사드립니다. 순종의 열매를 맺게 해 주신 하나님께 모든 영광과 찬송을 올려드립니다.

하나님의 힘으로 승리하는 삶

저는 교회에서 사람으로 인해 큰 아픔을 겪은 적이 있었습니다. 어느 날, 유튜브를 보던 중에 모르는 목사님의 설교 제목이 눈에 띄었고, 설교를 들어보았습니다. 설교 중에 목사님께서는 "내게 일어난 어떤 사건이 하나님을 더 가까이하게 했다면 그 사건은 반드시 일어나야 했던 사건이다."라고 말씀하셨는데, 말씀이 제 머리를 때리는 것 같았습니다. 그분은 바로 임은미 선교사님이었어요. 그러나 모든 관계가 깨어진 현실을 이겨내기는 제 믿음이 부족했습니다. 하나님께서 맡기신 일에 실패했다는 생각이 머리를 떠나지를 않았어요. 계속해서 '나는 실패자야.'라는 생각에 사로잡혀 있었습니다.

계속 힘들어하던 어느 날, 선교사님께 제 상황을 말씀드렸더니 대언기도를 보내주셨어요. 하나님께서는 선교사님을 통해 제가 하나님의 힘으로 승리했다고 말씀해 주셨고, 남을 위한 저의 배려를 안다고 하셨습니다. 그리고 사람이 아닌 여호와 하나님을 섬긴 것을 칭찬한다고 하셨어요. 답답했던 마음이 시원해지며 큰 위로를 받았습니다. 게다가 사슴처럼 그 발이 높은 곳에 올라가도록 도와주실 거라는 말씀을 해 주셔서 미래를 인도하실 하나님을 향해 큰 기대를 품을 수 있었습니다. 제 마음에 깊이 박힌 쓴 뿌리가 하나씩, 하나씩 뽑히고 있어요. 힘들 때면 "하나님의 힘으로 나는 승리했다!"를 외치고 또 외칩니다. 그러면 마음에 평안이 오고, 하나님과 저만의 영적 교통이 일어납니다. 그리고 가장 중요한 '기쁨'이 찾아옵니다. 선교사님을 만난 이후로 약 열 곳에 기부를 하게 됐어요. 평생을 한다 생각해서 큰 금액은 아니지만 매달 빠짐없이 보내고 있습니다. 하늘나라 은행에 더욱 많이 환전할 수 있기를 기도하고 있어요.

Chapter 15

하나님의 뜻을 함께
이루어가는 사람들 |묵상수기|

하나님은 하나님과 동행하는 삶의 기쁨을 보다 많은 사람에게 흘려보내게 하셨다. 그 좋은 것을 혼자만 간직하지 못하도록 말이다.

나는 마음껏 흘려보냈고 사람들은 그 가운데서 하나님의 뜻에 순종하며 하나님과 동행하는 삶이 얼마나 행복한 것인지를 깨달아갔다. 그리고 그 기쁨이 넘쳐 종종 내게 간증문을 보내오기도 했다.

그런 간증문을 읽을 때면 이번엔 내가 오히려 그들이 흘려보낸 하나님 사랑의 흔적에 빠져든다. 그렇게 우리는 서로가 서로에게 선한 영향력을 공급하고 은혜를 나누고 있다.

그 은혜를 이 책에서도 잠시나마 함께 나누고 싶다.

재정누기 1

목사님, 살면서 처음으로 순종이라는 것을 경험해 본 것 같습니다. 제가 사실 신랑 몰래 1년간 비상금을 모았거든요. 금액이 커질 때마다 느껴지는 희열은 이루 말할 수 없었습니다. 넉넉해진 기분, 풍성해진 기분이랄까요. 물론 내 유익을 위해 쓰지 않고, 정기적으로 나가는 헌금에 써야겠다는 결심은 하고 있었어요.

그런데 어느 날, 중보기도 카톡방에 곤란한 상황에 처한 어떤 집사님이 계셨는데 자꾸만 그 집사님이 생각이 나는 것입니다. 그분께 돈을 드려야겠단 생각이 들더라고요. 그러면서 망설이고 있는 제 자신을 보고 깨달았습니다.

'아! 내가 돈을 많이 사랑하는구나. 돈을 정말 의지하는구나.'

왜냐하면 그 마음을 주신 것을 알았음에도 계속 주님께 확인하고 있었기 때문입니다.

"아버지 맞아요? 이 집사님께 주라는 거 맞아요? 진짜죠? 정말

이에요?"

주님은 그때마다 말씀하셨습니다.

"다 줘라."

맘 한편으론 기쁜데 또 다른 한편에선 아깝기도 하고 왠지 떨리기도 했습니다. 그럼에도 순종하는 마음으로 다 드렸습니다. 송금하고 나니 그분께 문자가 왔어요. 늘 섬기면서 살았는데 돈도 다 잃고 오갈 데가 없어지자 사람들이 다 등을 돌렸다고…. 그래서 막 따지면서 기도하셨대요. 나는 왜 이러냐고, 베풀면서 살았는데 이게 뭐냐고 말이죠. 그런데 얼굴도 모르는 제가 돈을 보내줬다며 하나님께서 진짜 일하시는 거 맞다고 기뻐하셨습니다. 그 문자를 읽고 눈물이 났습니다.

'아! 맞구나. 돈 다 보내란 그 음성이 하나님 음성이었구나. 그럼 나 쓰임 받은 거네? 주님께 쓰임 받은 거네!'

순간 매우 감격스럽고 기뻤습니다. 안 그랬으면 순종할 기회를 놓쳤겠구나 싶었습니다. 그런데 이후 더 신기한 일이 생겼습니다. 기도방에 소속된 어떤 집사님께서 개인적으로 문자를 주셨는데 기도 중에 제 생각이 났다고 하셨습니다. 그분은 제게 떡을 보내주셨어요. 섬기기만 했지 받아본 적이 없는 저는 정말 신기하고 감동적이었습니다. 그뿐만 아니라, 어떤 권사님께서 직접 만드신 음식을 보내주고 싶다고 문자를 주셨습니다. 그리고 어떤 목사님께서는 케이크를 보내주셨습니다. 마치 주님께서 잘했다고 칭찬하시는 것 같아 크게 소리를 지르고 싶을 만큼 기쁘고 감사했습니다.

"하나님! 앞으로도 순종하며 주님의 목적에 맞는 삶을 살게 해 주세요. 저 끝까지 아버지 딸로 살게 해 주세요!"

재정누기 2

2002년에 기업 경영을 시작했던 저는 2020년 3월 사무실을 정리하고 집으로 들어왔습니다. 쉽지 않은 결정이었어요. 하지만 더 운영해 나간다면 남은 직원에게 퇴직금을 줄 수 없을 것 같았습니다. 적어도 나를 믿고 일해 온 직원에게 마무리는 잘 해 주고 싶은 마음이었어요. 집으로 사무실을 옮기며 제 손에 남은 것은 아무것도 없었습니다. 최선을 다했기에 법인만 살릴 수 있다면 아쉬움은 없을 것 같았습니다. 아무리 경기가 안 좋아도 주님이 하시려고 마음만 먹는다면 못하실 일이 있을까요? 이것이 최선의 상황이기에 이런 결과가 생긴 것이라는 믿음이 있었습니다.

다른 일은 모두 멈추고 주님이 연결해 주신 일만 했어요. 그런데 내내 몸이 너무 아팠습니다. 그동안 달리기만 했던 내 몸의 모든 장기가 돌봐 달라고 아우성을 치더라고요. 뭘 먹어도 회복되지 않았습니다. 거기에 세 번째 대상포진으로 하루 16시간 이상을 침대와 합체되어 3주 이상을 지냈고, 뒤이어 교통사고까지 경험했어요. '이러다가 죽는구나.' 하는 생각까지 들었습니다. 그동안 나보다는 남을 배려하면서 살아온 내 삶에 이제 남은 것은 지친 육신뿐이라는 마음이 들어서 괴로웠습니다.

2020년은 가장 수입이 적은, 최저급여를 받은 해이고 가장 후원을 많이 했던 한 해이기도 했습니다. 대행사를 하다 보니 늘 대접을 했어야 했는데 2020년은 말로 할 수 없을 정도로 많은 것을 공급받았습니다. 무엇보다 놀라웠던 것은 2019년보다 혼자 일했던 2020년 매출액이 높았다는 것이에요. 내가 일하면 내가 일할 뿐이지만, 내가 하나님이 사용하시기에 좋은 그릇이 되면 주님이 사용하신다는 확신을 가지게 되었습니다.

하나님이 함께하신다는 믿음이 생기니 당당해졌습니다. 예전에는 사람들이 우리 회사를 작고 보잘것없다고 생각할까 봐 직원 수를 늘려서 이야기해야 하나 싶기도 했어요. 그런 고민으로 갈등을 일으킨 적도 있고요. 하지만 주님은 주님의 자녀답게 당당하게 말할 수 있도록 영적 권위를 주셨습니다. 모든 일은 내가 하는 것이 아님을 깨달았습니다. 내 뒤에 계신 하나님이 계시기에 나는 어디서든 당당해요.

이렇게 내가 흔들리지 않고 설 수 있었던 것은 임은미 선교사님을 만나고부터입니다. DTS를 통해 키운 영적 근육이 유지될수 있도록 선교사님은 매일 빠짐없이 Q.T와 말씀을 보내주셨고 내가 힘들 때, 정말 가장 힘든 순간에 케냐에서 카톡으로 기도를 녹음해서 보내주셨어요. 가장 힘든 순간 정확히 내가 가장 원하는 것을 보내오셔서 매우 놀랐습니다. 그러한 사랑을 받았기에저 또한 그 사랑을 전하고 있습니다.

재정누기 3

저는 포토그래퍼입니다. 7년 전 혼자서 미국으로 촬영 출장을 가게 되었는데 미국은 초행길이었고 영어도 부족한 데다 길치여서 국제 고아가 될까 봐 두려운 마음이 들었어요. 새벽 4시에 공항에 앉아서 중보기도방에 기도 요청을 올렸습니다. 그 시간에 누구라도 읽고 기도해 준다면 좋겠다는 마음에 글을 올렸는데, 임은미 선교사님이 바로 카톡으로 기도 음성을 녹음해 보내주셨어요. 제가 들어오고, 나가고, 앉고, 서는 것을 하나님께서 지켜주신다고 하시며 제가 항상 암송하는 레마의 말씀, 이사야 41장 10절 말씀을 전해 주셨어요. 선교사님 덕분에 안심하고 담대히

출장을 떠나게 되었습니다. 알고 보니 그 시간은 선교사님이 묵상하시는 시간이었어요.

나의 촬영이 뭐라고 하나님의 귀한 사역자가 이 시간에 깨어 기도해 주시다니 감사했습니다. 출장에 뭔가 주님의 뜻이 있나 보다 싶어 주님을 위해 뭔가 해 드리고 싶었고, 뉴욕에 도착하자마자 걸어 다니면서 온종일 보혈을 뿌리는 기도를 했습니다. 뉴욕이 세계 문화와 물질의 중심이기 때문에 이곳에 주님의 나라가 임하길 기도했습니다. 그리고 무사히 귀국했는데, 그로부터 2년 뒤에 내가 촬영한 복음 광고가 뉴욕 한복판에 굳건하게 세워졌습니다. 그렇게 하나님의 사랑을 전하게 되었고, 그 사진은 뉴욕과 전 세계에 길거리 전도용으로 사용되었습니다.

그 이후에는 스튜디오를 운영하면서 어려움을 많이 겪었어요. 갑자기 스튜디오를 이사해야 하는 상황이 와서 망연자실하기도 했습니다. 그때 선교사님께서는 하나님이 순적하게 하시고 보호해 주실 것이라는 메시지를 보내주셨어요. 그렇게 하나님의 도우심과 선하심을 믿고 몇 달을 버틴 결과, 제가 오고 싶어 했던 좋은 스튜디오로 오게 되었습니다.

몇 년 뒤 하나님께서 믿음의 발걸음을 떼라는 마음의 음성을 주셔서 혼자서 스튜디오를 운영하게 되었습니다. 그렇게 주님과 함께라면 순적할 것이라는 마음에 용기 내서 혼자 운영했지만, 자금이 부족한 상황을 맞았습니다. 그때 더 이상은 못 버틸 것 같아 하나님께 스튜디오를 접겠다고 기도했어요. 하나님이 주신 비전으로 버텨왔지만 더 이상은 어려웠습니다. 마지막으로 임은미 선교사님께 프로필 사진을 찍어드리고 스튜디오를 접겠노라고 기도했어요. 그러면서 혹시 하나님 뜻이 있으시다면 선교사님 입술을 통해서 저에게 명령해 달라고 기도했습니다. 선교사님께서 저에게 주시는 말씀이 있다면 그대로 받겠다는 것이었습니다. 이후 선교사님을 만나고 프로필 사진을 찍어드렸는데, 선교사님은 "지금은 믿음의 근력을 키우는 시간이다. 하나님이 지키시고 도우신다."라고 하셨습니다. 하나님 한 분만으로 만족한다는 고백을 이뤄내라는 말씀에, 힘들지만 버텨보겠다고 말씀드렸습니다. 당시에는 지금이 바닥이라고 생각했는데, 이후에 더 바닥이 있다는 걸 알게 되었어요. 그래도 선교사님의 기도를 기억하면서 믿음으로 버텨냈습니다.

1년 뒤 선교사님은 스튜디오에 다시 오셨고, 믿음으로 잘 버틴 것을 칭찬하시며 하나님을 기대하라는 말씀을 주셨습니다. 그때 내 마음이 힘들다고 마음대로 스튜디오를 포기했다면 지금 전국 방방곡곡을 달리고 있는 복음 광고도 못 찍었을 것이며, 하나님이 저에게 허락하신 선물들을 놓쳤을 거예요. 정말 선교사님의 기도처럼 그 시기를 통해 믿음의 근력이 생겼습니다. 코로나19 상황에서도 의연하게 서서 주변에 다른 사람들에게도 삶의 소망을 전하고 함께 기도해 줄 수 있게 되어서 감사합니다.

재정수기 4

자녀들이 이른둥이로 태어나서 제 걱정은 오직 자녀들의 건강뿐이었습니다. 그 시기 즈음, 제주도 바다에서 엄마와 아이의 시신이 발견되었다는 사건을 접하게 되었습니다. 추운 겨울 새벽 2시에 이불로 감싼 딸을 안고 바다로 향해 내려가는 엄마의 모습이 찍힌 CCTV 영상을 보고 너무 마음이 아팠습니다. 아이의 엄마와 내 나이가 같고, 그 아이와 우리 아이들이 태어난 해가 같았기에 더 안타까웠는지도 모릅니다.

단 한 번도 그분들을 현실적으로 도울 수 있을 거라고 생각하지 않았는데 갑자기 카카오톡이 생각났어요. 대한민국에 사는 사람이라면 매일 하루도 빠짐없이 카카오톡을 할 텐데…. 육아로 지친 엄마들이 잠깐이라도 대화창에서 미소 지을 수 있기를 바라며 이모티콘 제작을 기획하게 되었습니다. 그리고 만약에 이모티콘이 통과된다면 수익은 처음 마음먹은 대로 한부모 가정에 흘려보내고 싶었습니다. 기부는 마음을 먼저 정했기에 가능한 일이었습니다. 움직이거나 신기한 이모티콘이 아니라서 기대도 안 했지만 기적적으로 기획안이 통과되었습니다.

모든 시작은 임은미 선교사님의 유튜브 설교와 이전 선교사님이 코스타에서 하신 Q.T 설교 덕분이었습니다. 그때부터 하나님이 저에게 주신 마음이 아니었을까 생각합니다. 카카오톡 이모티콘 판매 수익금은 현재 20만 원 정도로 크지는 않지만 첫 수익금과 받은 기쁨을 나눌 수 있어 감사합니다. 또한 십일조를 선교사님께 보낼 수 있어서 얼마나 감사한지 모릅니다. 나머지 금액은 처음 마음대로 한부모 가정에 기부할 계획이에요. 12년 전 유럽 코스타에서 들었던 임은미 선교사님의 한 시간짜리 설교가 제 마음에 씨앗이 되어 이렇게 도전할 수 있음에 감사드립니다.

전도누기 1

결혼해서 믿지 않는 가정에서 살아가느라 많이 힘들었습니다. 큰형님 내외는 부적을 애용하고, 전국의 스님들 이름을 꿸 정도로 불교 신봉자들이에요. 그런데 며칠 전, 살아생전 그렇게 교회를 핍박하셨던 아버님께서 돌아가셨어요. 그럼에도 참 감사한 것은 임종 직전 예수님을 영접하신 것입니다.

요양원은 임종 시 보호자 한 사람만 들어갈 수 있어서 그날 새벽 저는 영상으로 아버님을 뵈었어요. 주일예배 후 용기 내어 큰고모님께 전화를 드리니 마침 아버님의 곁에 계시더라고요. 큰고모님은 다행히 신앙을 가진 분이시고요. 마침 아주버님 대신 보호자로 들어가신 상태여서 얼마나 다행이었는지도 모릅니다. 큰고모님은 신앙이 있으시기 때문에 당연히 아버님께 영접기도를 하자고 했을 줄 알았는데, 잘 모시지 못해 죄송하다는 이야기만 하셨대요. 신기하게도 아버님은 영안이 열리셨던 것인지 눈을 부릅뜬 상태였다고 합니다. 그래서 얼른 결신기도문을 읽어 드리라고 큰고모님께 말씀드리니 아무것도 생각이 안 난다고 하셨습니다. 마침 제가 임은미 선교사님께 받아 마스크 전도 때 쓰는 결신문을 가지고 있어서 그걸 보내 드렸어요. 큰고모님은 바로 아버님께 읽어 드렸고 아버님께서는 "아멘." 하셨습니다. 그리고 큰고모님이 다니는 교회 목사님께 전화 걸어 또 영접기도 받게 한 후 아버님은 영접하시고 평안하게 30분 뒤에 돌아가셨대요.

선교사님, 정말 감사드려요. 그 영접기도문이 아니었다면 죄책감에 힘들었을 텐데 아버님을 평안하게 보내드릴 수 있었어요. 하나님이 택한 백성은 따로 있고, 기도는 땅에 떨어지지 않음을 느꼈습니다. 감사드립니다. 선교사님.

캠퍼스 전도는 새 학기가 시작하는 시점이 제일 중요합니다. 그래서 매 학기마다 개학 시즌에는 꼭 캠퍼스로 나가 노방전도를 합니다. 그러나 코로나19 시기인 요즘은 노방전도가 참으로 조심스러웠습니다. 혹시나 '교회에 대한 안 좋은 인식을 가지진 않을까, 도리어 역효과를 내는 것은 아닌가.' 하는 걱정이 들기도 했습니다. 하지만 하나님께서 지켜 주셔서 감사하게도 어떠한 불미스러운 일도 일어나지 않았습니다.

코로나19 이후 새롭게 맞이하는 캠퍼스의 분위기가 예전과는 사뭇 달랐습니다. 예전에는 노방 전도를 나가면 받는 학생들이 더 많았고, 거절하더라도 기분 나쁘게 거절하는 학생들은 많지 않았는데, 요즘은 본 체도 하지 않고 지나가는 학생들이 많아졌습니다. 선교사님께 받은 마스크와 우리 교회에서 준비한 물티슈를 같이 나눠주며 같이 전도한 지체들은 '이 좋은 거를 왜 안 받지?'라는 생각을 계속했다고 합니다.

캠퍼스에서 노방전도를 할 때 처음부터 교회라고 말하지 않고, "마스크와 물티슈 받으실래요?"라고 먼저 말을 하고 나중에 교회임을 밝히곤 합니다. 학생이 받으려고 손을 뻗을 때 "○○교회인

데요, 온라인 예배를 하고 있거든요."라고 말을 하면 바로 내밀었던 손을 집어넣고 가던 길을 가는 경우도 있었습니다. 이러한 어려운 상황에서도 재밌는 일들이 있었습니다. 하루는 지나가는 학생에게 "마스크랑 물티슈 받으실래요?"라고 하자, "됐어요."라는 대답이 돌아왔는데, 괜히 다시 말을 걸고 싶었습니다. "학생, 이 좋은 것을 안 받을 이유도 없지 않나요?" 그러자 학생이 "그건 그렇죠."라고 머쓱해 하며 받아 간 경우도 있었습니다.

저희가 전도하는 것을 옆에서 안쓰럽게 지켜보시던 할머니도 "이 좋은 것을 학생들이 왜 안 받아 간디야?"라고 하시기도 했습니다. 이처럼 척박한 환경임에도 불구하고 예비하신 영혼들이 있었습니다. 특별히 새 학기에 처음으로 캠퍼스에 온 신입생들은 모든 것이 새롭고 반갑기 때문에 잘 받아 주었습니다. 심지어 어떤 신입생들은 연락처까지 주어서 개인적으로 연락을 취할 수도 있게 되었습니다.

후원받은 마스크 1,000장은 캠퍼스 노방전도 3일 만에 다 소진되었습니다. 사실 학생 총원이 수천 명인 것을 감안하면 1,000장이 금방 나가는 것은 당연했습니다.

마스크가 없었다면 노방전도가 쉽지 않았을 것입니다. 마스크가 있었기에 척박한 캠퍼스 땅에 복음을 전할 수 있었습니다. 코로나19 상황으로 앞으로 캠퍼스 노방전도가 어려워지면 대학생 복음화는 더더욱 낮아질 것입니다. 이렇게라도 나가서 학생들을, 영혼들을 만나는 것이 얼마나 감사한지를 깨달을 수 있었습니다. 전도를 나가 보니 역시 교회는 전도해야 함을 느꼈습니다. 그리고 노방전도만큼 잠든 영혼을 순식간에 깨우는 것도 없는 것 같습니다. 노방전도를 나가니 이 시기가 정말 심각하게 전도가 필요한 상황임을 깨닫게 되었으며, 죽어가는 영혼들이 너무나 많음을 깨달았습니다. 노방전도를 통해 잃어버린 한 영혼을 간절히 찾으시는 하나님의 마음을 알 수 있었으며, 복음을 전하는 일에 참여할 수 있어 정말 감사했습니다.

전도수기 3

선교사님 매일 묵상을 듣고 저도 계속 마스크 전도를 하고 있습니다. 제가 사는 아파트 단지는 2,500세대, 거의 10,000명이 사는 대단지입니다. 그런데 최근 몇 년 동안 아파트에서 투신자살 사건이 계속 발생하고 있어요. 한 달 전 또 한 건이 발생했어요. 매번 이런 소식을 들을 때마다 '누가 전도했으면 자살을 막을 수 있지 않았을까' 하는 생각도 했습니다. 그럼에도 저에게는 전도가 너무 어려웠습니다.

그런데 최근에 선교사님이 알려 주신 마스크 전도 방법으로 전도가 어렵지 않다는 것을 느꼈어요. 어느 날 마스크 전도하면서 문득 이런 생각이 들었습니다.

'혹시 지금 인생이 너무나 고통스러워서 삶을 포기할까 말까 할 때, 전도 마스크를 받고 결신문도 한번 읽고, 하나님 말씀에 능력 있다는 것을 알게 되면 얼마나 좋을까? 말씀이 그분 마음속에 들어가서 우울함과 인생을 포기하려는 생각을 바꿔 주시지 않을까?'

이렇게 목표를 정하고 나서부터 전도가 사명으로 바뀌었고, 전도에 열심을 내기 시작했습니다. 지금은 전도하는 일이 정말 즐겁고 행복합니다.

전도누기 4

시장 가는 길에 동네 김밥집 할머니께 마스크를 드렸습니다. 그리고 주차장으로 가는데 멀찌감치에서 할아버지께서 걸어오시는 거예요. 거기까지 쫓아가서 드리기는 좀 그럴 것 같아 차 문을 열고 조금 시간을 지체하면서 기다리다가 할아버지 제 앞쪽으로 가까이 다가오실 때 얼른 다가가 말씀드렸습니다.

"아버님, 안녕하세요. 마스크 선물이에요." 하고 드렸더니 환하게 웃는 얼굴로 감사하다며 받으시고, 걸어가면서 결신문을 읽으시는 거예요. 속으로 '읽는다, 읽는다. 결신문 읽는다!' 하면서 주님께 감사드렸고요. 무척 기분이 좋았어요. 그리고 시장에서 물건을 사면서 드리고 공원에 앉아 계시는 아저씨께도 드리고 공용 주차장 요금소에 계시는 분께도 요금을 드리면서 "마스크 선물이에요." 하고 드리니 감사하다고 받으셨어요.

마트 시식코너에 계시는 이모님께도 드리고, 아이스크림 사면서 계산 다 하고 카드 받을 때 또 "마스크 선물이에요." 하면서 드리니 감사하다며 받으시더라고요. 그걸 보면서 '전도가 이렇게 쉬운데 그동안 너무 어렵게 생각하고 있었구나! 나도 할 수 있구나!' 하는 자신감이 생겼어요. 선교사님 정말 감사합니다. 결과를 만들어야 하는 눌림의 전도가 아닌 자유함을 누리는 전도를 할 수 있도록 해 주셔서 감사합니다. 전도 용품인 마스크도 보내주셔서 감사드립니다.

묵상누기 1

2018년 2학기, 한 학기 동안 임은미 선교사님께 상담실제학을 배웠습니다. 저는 상담실제학 수업을 듣기 전부터 선교사님의 묵상 식구로 매일 은혜를 받았습니다. 큰 기대를 품고 들어간 수업을 듣는 동안 가장 기억에 남았던 것은 작정서 작성과 매일 Q.T였습니다. 그러다 하나님이 마음을 주셔서 2019년 상반기부터 같이 상담실제학을 들은 전도사님들과 함께 Q.T 소모임을 하게 되었고, Q.T 모임을 인도하면서도 매일 아침 Q.T하는 삶을 온전히 실천하지는 못했습니다. 그러다 2020년 1월 1일부터 4일까지 강북제일교회 신년집회 강사로 오신 임은미 선교사님의 설교를 들으면서 마음에 도전을 받았고, 1월 3일 아침부터 Q.T를 하기 시작하여 오늘까지 하루도 빠지지 않고 아침에 일어나면 제일 먼저 Q.T를 하고 있습니다.

제 개인의 삶만 변화된 것이 아닙니다. 2019년에 시작한 Q.T 모임은 코로나19로 인해 어려움도 있었지만, 지금까지 매주 줌(Zoom)으로 모여 말씀을 나누고 있습니다. 그리고 한 걸음 더 나아가 한 부부를 줌으로 만나 Q.T를 가르쳐주고 있습니다. 임은미 선교사님의 삶과 같이 저도 이제는 만나는 사람마다 Q.T를 권면하며 살아가고 있습니다.

사실, 제 삶의 가장 큰 변화는 Q.T도 있고 기도도 있지만, 임은미 선교사님을 통해 마음의 중심이 바뀌었다는 것입니다. 지금까지 무서운 하나님만 알고, Q.T를 해도 내 죄를 찾기에 바빴지만, 선교사님을 만나 사랑의 하나님을 배웠습니다. 이제는 말씀을 읽을 때마다 한없는 하나님의 사랑과 은혜를 묵상합니다. 그러다 보니 엄격하고 강하기만 하던 제가 온유하고 부드러운 사랑의 사람으로 변했습니다. 저와 11년을 함께한 아내는 선교사님을 만나 선하게 변해 가는 저를 보며 임은미 선교사님께 정말 감사하다고 합니다. 저도 선교사님과 같이 저를 만나는 모든 사람이 하나님께서 기뻐하시는 모습으로 변화되는 데 쓰임 받기를 소원하며 기도합니다.

묵상누기 2

제가 임은미 선교사님을 처음 알게 된 것은 『하나님이 찾으시는 한 사람 그대입니까?』라는 책을 통해서였어요. 처음 선교사님을 만난 날, 기도제목을 나누면서 대언기도도 해 주셨고, 무엇보다 Q.T에 대한 도전을 주셨어요. 그날부터 21일간 선교사님 메일로 묵상을 보내라고 하셔서 즉시 순종했답니다. 하루, 하루 묵상을 통해 주님과의 친밀한 동행과 사랑에 큰 은혜를 받아 누렸고, 선교사님의 격려에 특별한 사랑을 받으며 묵상 기록에 대한 기쁨을 맛보게 되었답니다.

그렇게 21일 묵상 훈련 이후 매일 빠지지 않고 묵상을 했는데, 어느새 15년 정도의 시간이 흘렀습니다. 할렐루야! 이제는 제 묵상을 나누며 주님께서 주신 은혜를 흘려보내고 있어요. 가족방, 친구방, 어머니 기도회방, 교회 리더들 카카오톡 방을 비롯하여 제 개인 SNS를 통하여 많은 분께 전달하고 있습니다.

묵상 기록을 하면서 일관성 있는 신앙에 대한 경건 훈련을 할 수 있었고, 무엇보다 감정이나 상황에 흔들리지 않고 하나님 말씀 위에 든든히 설 수 있도록 제 믿음을 단련하게 되었답니다. 그렇기에 저 역시 이제는 상담이나 기도 부탁을 받을 때, 묵상 기록을 권면하고 있습니다. 하나님 사랑을 구체적으로 경험할 수 있는 최선의 방법은 Q.T입니다. 믿는 성도로서 주님이 주신 최고의 선물이 Q.T라고 생각합니다.

한편 제 남편이 목사이기에 저희 부부에게는 담임 목회지에 대한 기도제목이 제일 시급했었어요. 상황과 여건을 바라보며 안타까울 때도 있었고, 마음이 답답하거나 낙심될 때도 있었는데 그때마다 선교사님의 대언기도를 통하여 소망을 얻게 하셨어요. 또한 성령님께서 주시는 위로와 축복으로 사역에 대한 방향을 알게 하시며, 목회자로서 가져야 할 믿음의 태도에 대하여 구체적인 성령의 음성을 듣게 해 주셨답니다. 저 역시 선교사님의 순종과 나눔의 삶을 본받아 사모의 길을 걸으면서 제가 할 수 있는 부분에서 나누고 섬기고 싶습니다.

저의 루틴은 선교사님 묵상 듣고, 개인 Q.T 하고, 새벽예배를 드리는 것입니다. 이거 선교사님 따라쟁이인 거 맞죠? 선교사님도 Q.T 하시고 새벽예배 드린다고 하셔서 따라 하고 있어요. 저의 지난 3년간의 고민은 어떻게 하면 기복 없이 꾸준한 영성을 유지하느냐였는데 이것저것 해 봐도 해결되지 않았습니다. 예를 들면 기도 1시간 이상 하기, 새벽예배 가기 등을 실천해 보았지만, 어떤 이유에선가 나중에는 중단하게 되더라고요. 그리고 새벽예배를 가면 Q.T는 생략해도 되는지에 대해 누구 하나 시원하게 대답해 주지 않았어요. 제각각 신앙생활을 하시더라고요.

지난 3년 동안 꾸준한 영성을 놓고 씨름하며 기도하다 목사님 Q.T 영상을 보고 '이거다!' 싶어 프린트했어요. 그리고 제 아이들 디모데와 채원이에게 나눠주고 필요하신 분들께도 드렸어요. 그때부터 쭉 Q.T를 하는데, 청년 때 Q.T를 하면서 제가 누렸던 영적인 만나를 다시 먹기 시작했습니다. 제가 단단해지고 흔들리지 않게 되자 목사님이 저에게 주셨던 선한 영향력이 흘러갑니다. 먼저는 제 아이들과 매일 카톡으로 Q.T 나눔을 하고 있고요. 한국에 있는 제 여동생이 저를 보고 따라 하고 있으며, 여동생은 교회에서 마더와이즈란 모임에서 다른 자매들을 섬기고 있는데 거기에서도 선한 영향력을 흘려보내고 있어요. 선교사님의 영향력이 많은 사람에게 퍼져 나갔어요. 대단하죠?

이제 이 부분은 해결! 다음 저의 프로젝트는 금전적인 영역입니다. 사실 제가 선교사님으로부터 또 도전받은 부분이 있어요, 30년 넘게 단 하루도 쉬지 않고 Q.T 하는 삶뿐 아니라, 십의 이조부터 시작해 십의 십조를 드린다는 것이었습니다. 지금으로선 수입의 전체를 드릴 수 있을까 싶지만, 항상 제 마음에 먼저 소원을 주시고 그 일을 이루시는 주님의 역사를 알기에 그 일도 언젠가 저를 통해 이루어 내실 줄 믿습니다. 그리고 저도 선교사님처럼 다른 사람에게 선한 영향력을 끼치는 축복의 통로가 되고 싶습니다.

묵상수기 4

작년 1월이 시작되면서 나도 Q.T를 해야겠다고 생각은 하는데 마음만 있고 미루고 미루다가 20일부터 시작하게 되었답니다. 그렇게 1년이 지나고 있는데 여전히 매일매일 빼먹지 않고 말씀 한 장 읽고 한 절 마음에 들어오는 말씀으로 하나님께서 무슨 뜻으로 주셨나 기도합니다. 시작하게 된 계기는 선교사님의 영상을 본 것이었어요.

저는 참 게으른 사람인데요, 제가 본 영상에서 선교사님께서는 저처럼 게으른 사람을 혼내셨어요. "신앙생활 하면서 성경은 몇 독 하셨어요? 기도는 얼마나 하셨어요? 믿음이 아주 좋으시네요! 기도도 안 하고 성경도 안 읽고 신앙생활을 하신다니 믿음이 참 좋으시네요. 아프다고 안 하고, 힘들다고 안 하고, 기분 안 좋아서 미루고 그럼 도대체 언제 성경 읽고 기도할 거예요?"

그때 머리를 한 대 얻어맞은 기분이었어요. 새해가 되고 20일이 지나서야 정신을 차렸나 봐요. 아직은 하나님의 음성을 듣는 훈련이 많이 필요하지만, 그래도 꾸준히 '일관성' 있게 잘 지킨 저한테 토닥토닥 위로와 칭찬을 해 주었답니다. 부족한 건 많지만 Q.T를 통해서 변하는 거 같아서 감사합니다. 최고의 날! 꼭 무슨 대단한 일이 있어서 최고의 날이 아니라, 최고이신 하나님께서 하루를 선물해 주심에 최고의 날이라고 늘 말씀해 주시니 감사합니다. 눈에 보이는 좋은 일이 있어야 꼭 하나님이 날 사랑하시고, 나에게 복을 주시는 줄로만 알았던 지난 시간들을 회개하면서 하루하루를 선물로 주신 최고의 하나님을 늘 찬양하겠습니다. 쓰러지면 다시 일어서는 제가 되도록 더욱 힘써 살겠습니다.

　오늘 기말고사 및 졸업 논문 관련하여 나갔다가 마을버스를 타고 집에 들어오는 중에 버스 안 구석에 돈뭉치가 보였어요. 몇 만원 정도 되어 보였는데 늦은 시간이라 거의 막차여서 버스에 사람도 별로 없고 아무도 그 돈을 못 보고 있었어요. 그런데 그 돈을 본 순간 저는 늘 정직한 자에게 공의를 베푸시는 하나님에 대해 말씀해 주신 선교사님 덕분에 냉큼 기사님께 제가 교회 다니는 사람이라고 말씀드리면서(사람이 없어서 이런 말씀도 드릴 수 있었던 것 같아요) 꼭 이 돈의 주인을 찾아달라고 전달해 드렸어요. 기사님이 되게 놀라시더라고요. 버스에서 내렸는데 기분이 좋았어요. 죄로부터 자유한 느낌이라고나 할까요? 솔직히 제가 넉넉하지 않은 형편이라 그런 상황에서 돈을 보면 나도 모르게 쓱 갖고 싶은 유혹이 올 수 있는데, 우리 선교사님 덕분에 제가 이긴 느낌이 들어서 감사했어요. 물론 하나님께서 그런 저를 보시고 가장 기뻐하셨겠죠? 저의 고백을 들으시면 선교사님도 보람을 느끼며 기뻐하실 것 같아서 말씀드리고 싶었습니다.

This is how I obeyed!

Part 5

마스크
전도 이야기

Chapter 16

코로나19 시대에도
선교와 전도는 계속된다

우리에게 위기로 보이는 것이 하나님의 시각에서는 위기가 아닐 수 있다. 코로나19 또한 하나님의 시각에서는 새로운 역사를 시작하는 하나의 계기가 될 수 있다. 무엇보다 우리가 생각지도 못했던 도구가 하나님의 일에 쓰임 받는 기회로 전환되기도 한다.

마스크.

얼마 전까지만 해도 우리에게 특별한 의미가 없는 물건이었다. 고작해야 미세먼지나 감기 때문에 일부가 사용할 뿐이었고, 전도와는 더더욱 아무런 연관이 없었다. 그러나 코로나19로 전 세계가 마스크를 쓰게 되었고, 이 상황을 통해 마스크는 전도의 도구로 거룩하게 쓰이고 있다. 마스크를 건네면 사람들은 부담 없이 고마워하며 마스크를 받고, 동봉된 결신문을 보며 하나님 앞으로 한 발짝씩 나아간다.

마스크에 동봉된 결신문을 읽는 사람은 저절로 예수님을 영접하는 기도를 한다. '그냥 읽기만 하는 것이 무슨 영접기도인가?'라고 말하는 사람도 있겠지만, 나는 믿지 않아도 이 '기도'를 따라 하다가 나중에 영접한 사람들을 참으로 많이 보았다. 그래서 나는 예수님의 이름만으로도 구원의 능력이 임할 수 있음을 확신한다.

사람들은 코로나19를 경험하면서 예수님이 오실 날이 더더욱 가까워졌다고 말한다. 우리는 예수님의 재림을 사모하는 '마라나타'라는 찬송도 좋아하고, 기도 끝에 '마라나타'라는 말을 사용하기도 한다. 진정으로 예수님의 재림을 속히 당기고 싶다면 우리는 '기승전(起承轉) 복음전파'를 우선순위로 삼아야 한다. 성경은 땅끝까지 복음이 다 전해져야 예수님이 다시 오신다고 말씀하고 있다. 우리의 전도는 예수님이 이 땅에 오실 날을 앞당길 것이다.

나는 선교후원금으로 현재 한국에 약 200만 장, 케냐에 약 40만 장의 마스크를 지원했다. 케냐에서는 마을버스 안 좌석에 붙여 놓고 자리에 앉는 모든 승객이 읽으면서 저절로 예수님을 영접하는 기도를 하도록 돕고 있다. 그 외 각 나라에서 이 결신문을 그 나라말로 번역하여 마스크 안에 넣고 전도를 하고 있다.

이 전도를 위해 마스크 안에 결신문을 넣어 주시는 분들이 있고, 마스크 살 수 있도록 헌금해 주신 분들이 있고, 마스크 200만 장을 나눠 주신 많은 전도의 손과 발들이 있다. 택시 기사님, 택배 기사님, 시장 상인 분, 엘리베이터에서 만나는 이웃, 직장 동료 등 누구에게나 쉽게 다가가 전도할 수 있는 도구인 것이다.

어떤 분들은 아예 마스크 전도에 중독되어서 집을 나설 때 '예수님 영접기도 결신문'이 들어 있는 마스크를 무조건 가방에 넣고 나간다고 한다. 전도가 어렵다고 생각했던 많은 사람이 마스크 전도를 통해 전도가 삶의 습관이 되었다고 말한다. 코로나19의 위기가 '마스크 전도'의 기회가 되어 준 것이 감사하다!

전도지에 실린 '예수님 영접기도'를 주님으로부터 받아, 작성해 준 사람이 있다. 여의도순복음교회 아동 3부 이미애 선생님이다.

그리고 각 나라에서 기도문을 각 나라말로 번역해 주신 분들이
있다. 모든 분께 마음 깊이 감사를 드린다.

* 마스크를 받아 전도하고 싶은 분들은
아래 링크로 연락 부탁드립니다.
https://eunice825.com/

Chapter 17

나라별 결신문

결신

사랑의 하나님 감사해요.
전에는 하나님을 모르고 살았어요.
이제는 저의 죄를 위해 죽으시고
부활하신 예수님을 구주로 믿습니다.
저는 **하나님의 자녀**가 되었어요.
저를 구원해 주시니 감사합니다.
지금부터 세상 끝날 때까지
예수님과 함께 살겠습니다.
저를 구원해 주신 예수님의 이름으로
감사하며 기도 드립니다. 아멘

한국어

하나님께서
당신을 *Jesus loves you*
사랑하십니다!

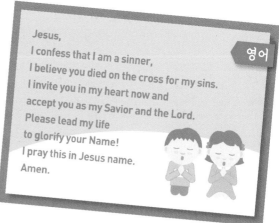

Jesus,
I confess that I am a sinner,
I believe you died on the cross for my sins.
I invite you in my heart now and
accept you as my Savior and the Lord.
Please lead my life
to glorify your Name!
I pray this in Jesus name.
Amen.

영어

Bwana Yesu,
Ninakiri kuwa mimi ni mwenye dhambí,
Nina amini kua Ulinifia msalabani
kwa ajili ya dhambi zangu.
Nina kukaribisha moyoni
mwangu na nina kupokea kama
Mwokozi wangu na Mungu wangu.
Tafadhali, niongoze
maishani ilinikupe sifa na
utukufu.
Katika jina la Yesu naomba
na kuamini, Amina.

Jesús,

Te confieso que soy un(a) pecador(a),
Creo que moriste en la cruz por
mis pecados.
Te invito en mi corazón ahora y
te acepto como mi Salvador y el Señor.
Por favor lleva mi vida
para glorificar tu Nombre!
Rezo esto en el nombre
de Jesús.
Amén

感谢上帝的爱。
Gǎnxiè shàngdì de ài

我曾经过着不认识上帝的生活。
Wǒ céngjīngguòzhe bù rènshí shàngdì de shēnghuó.

现在，我相信耶稣，他是为我的罪而死并被复活的救世主。
Xiànzài, wǒ xiāngxìn yēsū, tā shì wèi wǒ de zuì ér sǐ bìng bèi fùhuó de jiùshìzhǔ.

我成为上帝的孩子。
Wǒ chéngwéi shàngdì de háizi,

谢谢你救了我
Xièxiè nǐ jiùle wǒ

从现在起到世界末日，
Cóng xiànzài qǐ dào shìjiè mòrì,

我将与耶稣同住。
wǒ jiāng yǔ yēsū tóng zhù.

我感谢耶稣救了我，并奉耶稣的名祈祷。
Wǒ gǎnxiè yēsū jiùle wǒ, bìng fèng yēsū de míng qídǎo.

阿门
Āmén

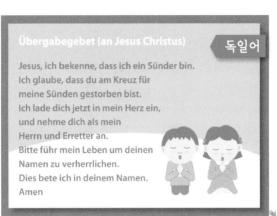

Übergabegebet (an Jesus Christus)

독일어

Jesus, ich bekenne, dass ich ein Sünder bin.
Ich glaube, dass du am Kreuz für
meine Sünden gestorben bist.
Ich lade dich jetzt in mein Herz ein,
und nehme dich als mein
Herrn und Erretter an.
Bitte führ mein Leben um deinen
Namen zu verherrlichen.
Dies bete ich in deinem Namen.
Amen

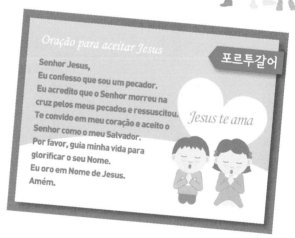

Oração para aceitar Jesus

포르투갈어

Senhor Jesus,
Eu confesso que sou um pecador.
Eu acredito que o Senhor morreu na
cruz pelos meus pecados e ressuscitou.
Te convido em meu coração e aceito o
Senhor como o meu Salvador.
Por favor, guia minha vida para
glorificar o seu Nome.
Eu oro em Nome de Jesus.
Amém.

Jesus te ama

Dieu mon Père, Je confesse que Je suis un pécheur.
J'ai vécu sans connaitre Dieu jusqu'a maintenant.
Maintenant, je crois en Jésus qui
est mort et ressuscité pour mes péchés.
Je t'invite dans mon coeur maintenànt et Je t'accepte
comme mon Seigneur et mon Sauveur.
Je suis devenu l'enfant de Dieu.
Merci de m'avoir sauvé.
Je vais vivre avec Jésus jusqu'à la
fin du monde.
Guide ma vie pour que Je puisse
glorifier Ton nom.
Je te prie au nom de Jésus.
Amen.

일본어

決心

大いなる愛の神様、感謝します。
今まで神様を知らずに暮らして
きました。
これからは私の罪のために死なれ
よみがえられたイエス様を
救い主として信じていきます。
私は神様の子供になりました。
私を救って下さり感謝します。
今からとこしえまで、
イエス様と共に歩んでいきます。
私を救って下さった
イエス・キリストの御名によって
お祈りします。アーメン

イエス・キリストは
あなたを
愛しています！

저자로서 마지막 교정을 보아야 함에 책 전체를 다시 한번 읽어 보았다. '부족한 게 참 많구나.' 하는 생각이 저절로 든다. 그러나 만족할 만큼 글을 더 고쳐야 한다면 아마 이 책은 이 세상에 탄생하지 못할 것이다.

본서는 나의 여덟 번째 책이다. 첫 번째 책인 『하나님이 찾으시는 한 사람 그대입니까?』를 쓸 때 주님이 나에게 주셨던 말씀은 "한 사람을 위해 책을 쓰도록 하렴!"이었다.

어느 '한 사람'이 그 책을 읽고 하나님을 만나기를 바라고 소원하고 기도하는 마음으로 첫 번째 책을 썼다. 그 책이 지금 5만부가 넘게 판매되었다. 그리고 참으로 많은 분이 그 책으로 인하여 하나님을 뜨겁게 만나게 되었다고 감사의 글을 전해 주셨다.

이번 책 『나는 이렇게 순종했다』 역시 어느 '한 사람'을 위해서 하나님이 쓰게 하셨다고 생각한다. '하나님 말씀에 순종'이 어렵다고 생각하는 분들에게 순종은 익숙해지기까지는 어렵지만, 순종이 익숙해지면 불순종이 어려워진다는 말을 꼭 하고 싶다.

또한 부족한 내가 하나님 말씀에 순종했더니 이처럼 풍성한 열매가 맺어졌음을 보여드리고 싶어서 나의 묵상을 함께 읽고 나누는 성도님들의 간증을 실었다. 내가 그들에게 미친 선한 영향력이 자랑처럼 들리지 않았으면 한다.

오늘도 나는 순종을 배워간다. 그래서 즐겁고 감사하다.

나의 묵상은 매일 같은 문장으로 끝을 맺는다.

"오늘도 우리 주님 저를 보시면서 하루종일 기쁘시면 참 좋겠습니다!"

내가 내 자녀들이 진리 안에서 행한다 함을 듣는 것보다 더 기쁜 일이 없도다 (요삼 1:4)

I have no greater joy than to hear that my children are walking in the truth.

진리 안에서 행하는 매일의 순종으로 하나님께 한계 없는 기쁨이 되는 우리가 되기를 기도드린다.

임은미(유니스) 선교사

초판 1쇄 발행 2021년 8월 3일
7쇄 발행 2021년 10월 20일

지은이   임은미

발행인   이영훈
편집인   김영석
편집장   김미현
기획·편집   김나예
제작·마케팅   박기범
디자인   유혜연

펴낸곳   교회성장연구소
등 록   제 12-177호
주 소   서울시 영등포구 여의공원로 101 CCMM빌딩 703B호
전 화   02-2036-7922
팩 스   02-2036-7910
홈페이지   **www.pastor21.net**
쇼핑몰   **www.icgbooks.net**

ISBN | 978-89-8304-311-5

"무슨 일을 하든지 마음을 다하여 주께 하듯 하라" (골 3:23)

교회성장연구소는 한국 모든 교회가 건강한 교회성장을 이루어 하나님 나라에 영광을 돌
리는 일꾼으로 성장하는 것을 목표로, 목회자의 사역은 물론 성도들의 영적 성장을 도울 수
있는 필독서를 출간하고 있다. 주를 섬기는 사명감을 바탕으로 모든 사역의 시작과 끝을 기
도로 임하며 사람 중심이 아닌 하나님 중심으로 경영한다. "무슨 일을 하든지 마음을 다하
여 주께하듯 하라"는 말씀을 늘 마음에 새겨 하나님께서 주신 사명을 기쁨으로 감당한다.